직무적성검사

3일 벼락치기

타임 적성검사연구소

KT그룹 종합인적성검사

JN383564

3일 벼락치기

KT그룹 종합인적성검사

인쇄일 2025년 3월 1일 초판 2쇄 인쇄 **발행처** 시스컴 출판사
발행일 2025년 3월 5일 초판 2쇄 발행 **발행인** 송인식
등 록 제17-269호 **지은이** 타임 적성검사연구소
판 권 시스컴2025

ISBN 979-11-6215-515-8 13320
정 가 10,000원

주소 서울시 양천구 목동동로 233-1, 1007호(목동, 드림타워) | **홈페이지** www.siscom.co.kr
E-mail master@siscom.co.kr | **전화** 02)866-9311 | **Fax** 02)866-9312

발간 이후 발견된 정오 사항은 시스컴 홈페이지 도서 정오표에서 알려드립니다(시스컴 홈페이지→학습 자료실→도서 정오표).
이 책의 무단 복제, 복사, 전재 행위는 저작권법에 저촉됩니다. 파본은 구입처에서 교환하실 수 있습니다.

머리말

취업과정에 적성검사가 도입된 지도 제법 많은 시간이 흘렀습니다. 그동안 적성검사에도 많은 부침이 있어서, 일부 기업은 폐지하기도 하고 일부 기업은 유형을 변경하기도 하였습니다. 쟁쟁한 대기업들이 적성검사 유형을 대폭 변경하면서 다른 기업들에도 그 여파가 미칠 것으로 여겨지고 있습니다.

적성검사는 창의력·상황대처능력·문제해결능력 등 업무수행에 필요한 능력을 측정하기 위해 실시되며, 기업별 인재상에 따라 여러 유형으로 치러집니다. 여기에 일부 기업들이 주기적으로 문제유형을 변경함으로써 수험생들의 혼란을 가중시키고 있습니다.

본서에서는 각 기업에서 공식적으로 발표한 문제유형을 기반으로 삼았으며, 실제로 적성검사를 치른 응시생들의 후기를 충실히 반영하여 올해 치러질 실제 적성검사에 가장 근접한 문제를 제공하고자 하였습니다.

본서가 취업준비생들의 성공적인 취업에 조금이나마 보탬이 되었으면 하는 바입니다.

타임 적성검사연구소

DAY	PART	CHECK BOX		TIME	
		complete	incomplete		
1DAY	지각정확력	☺	☹	시간	분
	언어추리력			시간	분
2DAY	판단력	☺	☹	시간	분
	응용수리력			시간	분
3DAY	단어연상력, 직무해결력(인문계)	☺	☹	시간	분
	수추리력, 도식추리력(이공계)			시간	분

1DAY

지각정확력
짧은 시간 안에 문자와 기호의 흐름을 판단해 낼 수 있는 순발력과 집중력을 평가하는 영역이다. 제시된 문자(기호)와 같은 것 혹은 다른 것을 찾아내는 문제 등이 출제된다.

언어추리력
주어진 조건의 논리성과 연관관계를 파악하여 제시된 문장의 참·거짓·알 수 없음 여부를 판별하는 문제가 출제된다.

2DAY

판단력
기본적인 국어 능력을 평가하는 영역으로 빈칸 추론, 문장 배열, 주제 찾기, 지문 요약하기 등의 다양한 유형의 문제가 출제된다.

응용수리력
시간/속도/거리, 소금물, 일차방정식, 확률 등과 같은 기초 수리 능력을 평가할 수 있는 문제가 출제된다.

3DAY

단어연상력(인문계)
제시된 단어 중에서 연관이 있는 3개의 단어를 통해 공통적으로 유추할 수 있는 단어를 고르는 문제가 출제된다.

직무해결력(인문계)
NCS형 문제로 주어진 직무상황에 맞춰 풀어보는 문제가 출제된다. 업무의 상황과 자료를 정확하게 이해하고 풀어야 한다.

수추리력(이공계)
나열된 숫자들의 공통된 규칙을 찾아 다음에 오는 숫자 또는 빈칸에 들어갈 숫자를 추리하는 문제가 출제된다.

도식 추리력(이공계)
일정한 규칙에 의해 변화하는 문자와 숫자를 통해 답을 구하는 문제가 출제된다. 문자의 배열을 바꾸거나 치환하는 등의 복잡하지 않은 규칙이므로 논리 구조를 파악하여 이를 중심으로 문제를 풀어보는 연습이 필요하다.

기출유형분석

주요 기출문제의 유형을 분석하여 이에 가장 가까운 문제를 상세한 해설과 함께 수록하였다.

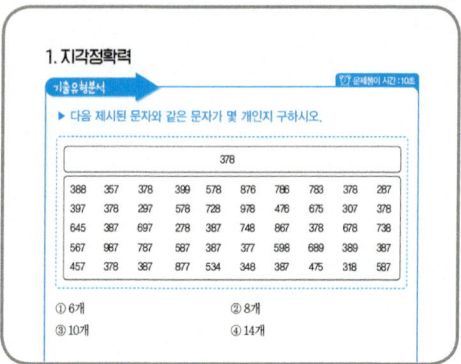

문제풀이 시간 표시

각 문제유형에 따라 총 문항 수와 총 문제풀이 시간, 문항당 문제풀이 시간을 제시하였다.

중요문제 표시

기출유형에 근접한 문제마다 표시하여 중요문제를 쉽게 파악할 수 있게 하였다.

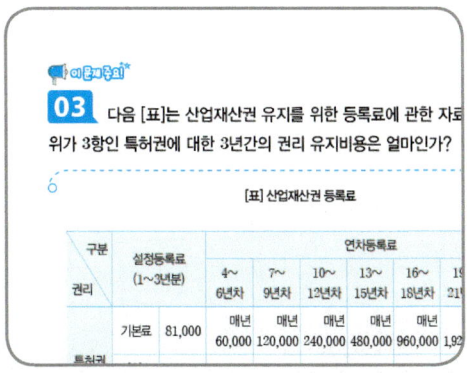

타임테이블 & 채점결과

각 문제유형을 모두 풀었을 때 걸리는 시간 및 채점결과를 수험생 스스로 점검할 수 있도록 하였다.

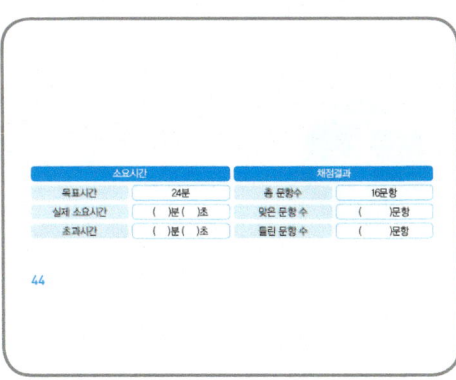

지각정확력 · 언어추리력
1. 지각정확력 ·· 18
2. 언어추리력 ·· 42

판단력 · 응용수리력
1. 판단력 ·· 66
2. 응용수리력 ··· 124

인문계 · 이공계
1. 단어연상력(인문계) ·· 152
2. 직무해결력(인문계) ·· 166
3. 수추리력(이공계) ··· 200
4. 도식추리력(이공계) ··· 210

1 KT그룹소개

> 1981년 창립 이후, 대한민국 정보통신을 이끌어온 KT
> 사람을 위한 혁신기술로 새로운 미래를 만들어 가겠습니다.

2 VISION

KT는 고객의 삶의 변화와 다른 산업의 혁신을 리딩하여 대한민국 발전에 기여합니다.

3 핵심가치

1. **고객중심** : 고객發 자기혁신을 통해 고객이 원하는 것을 민첩하고 유연하게 제공합니다.
2. **주인정신** : 임직원 모두가 자부심과 실력을 갖춘 당당하고 단단한 KT의 주인으로서 생각하고 행동합니다.
3. **소통/협업** : 조직의 벽을 넘어서는 수평적인 소통과 유연한 협업 체계를 강화합니다.
4. **본질/과정** : 業의 본질에 집중하고 최선의 결과를 위해 과정까지 중요하게 생각합니다.

4 인재상

1. **끊임없이 도전하는 인재** : 시련과 역경에 굴하지 않고 목표를 향해 끊임없이 도전하여 최고의 수준을 달성한다. 변화와 혁신을 선도하여 차별화된 서비스를 구현한다.

2. **고객을 존중하는 인재** : 모든 업무 수행에 있어 고객의 이익과 만족을 먼저 생각한다. 고객을 존중하고, 고객과의 약속을 반드시 지킨다.

3. **벽 없이 소통하는 인재** : 동료 간 적극적으로 소통하여 서로의 성장과 발전을 위해 끊임없이 노력한다. KT의 성공을 위해 상호 협력하여 시너지를 창출한다.

4. **기본과 원칙을 지키는 인재** : 회사의 주인은 나라는 생각으로 자부심을 갖고 업무를 수행한다. 윤리적 판단에 따라 행동하며 결과에 대해 책임을 진다.

5 인사제도

1. **고객중심, 전문성 강화를 위한 배치** : 사업 전반적인 이해를 위해 Junior급의 고객 접점 배치를 기본으로 합니다. 직무수준에 부합하는 배치가 이루어지며, 그룹사 시너지 창출을 위한 상호인력 교류도 장려하고 있습니다.

2. **동기부여를 위한 유연한 직급 및 승진 체계 운영** : 직원의 동기부여를 위한 직급 및 승진제를 기본으로 합니다. 장기적인 성과를 창출하거나 상위직급의 역량을 수행하는 경우 승진의 기회가 부여됩니다.

3. **성과 · 역량 기반의 공정한 평가** : 성과와 역량을 모두 고려하며 직무 특성에 따라 유연하게 운영합니다. 평가 프로세스를 강화하여 정확하고 공정하게 평가합니다.

4. **직무가치와 성과를 반영한 심플한 보상** : 직무의 가치(직무의 상대적 중요성)를 반영한 급여체계를 지향하고 있습니다. 회사의 성과 및 개인의 성과에 따라 보상제도가 운영됩니다.

※ KT그룹 기준이며 그룹사별로 다양한 직급 · 승진체계를 운영하고 있습니다.

6 복리후생

1. **급여체계** : 연봉제, 기준연봉과 성과급, 제수당 및 급식통근보조비로 구성
2. **레저/문화/생활 지원** : 전국 6개소, 사내 휴양시설 보유 및 하계 휴양소 운영, 복지포인트 부여
3. **생활안정** : 기숙사 및 사택 등 지원, 주택자금 및 생활안정자금 대부
4. **경조/재해 지원** : 경조금 및 조화/장제용품 지급, 단체 재해보장보험 지원

5. 자녀교육 : 사내 영유아 보육시설 운영

6. 통신비 지원 : 유·무선 통신비 지원

7. 의료비 지원 : 사원, 배우자 및 자녀의 의료비 지원

7 채용 절차

서류전형 → 종합 인적성 검사 → 실무면접 → 임원면접 → 건강검진 → 최종합격

① 서류전형
온라인을 통해 지원서를 제출합니다. 지원자격 보유여부 확인 및 자기소개서를 통한 잠재역량을 평가합니다. KT그룹의 기본원칙과 채용계획에 따라 적합한 지원자를 선별한 후 서류전형을 거쳐 합격자를 선발합니다.

② 종합 인적성 검사
서류전형 합격자를 대상으로 종합 인적성 검사를 실시하게 됩니다. 지원자의 인성과 적성이 KT그룹의 조직과 인재상에 부합 하는지 종합적으로 평가합니다.

③ 실무면접
PT면접, 토론면접, 상황면접 등의 방식을 활용하여 해당 직무에 맞는 인재를 찾기 위해 평가합니다.

④ **임원면접**

실무면접 합격을 대상으로 이루어지는 임원면접은 지원자의 자질, 인성 및 태도 등을 종합적으로 평가합니다.

⑤ **건강검진**

지정된 기관을 통해 건강검진을 진행합니다.

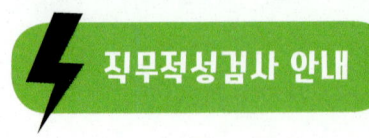

KT 종합인적성검사

서류 전형 합격자를 대상으로 지원한 직무에 대하여 성공적인 업무수행능력과 직무적합여부를 판별하기 위한 검사라고 할 수 있습니다. 지원자의 계열에 따라 인문계와 이공계로 나뉘어서 진행됩니다. 인성검사가 먼저 진행되고, 쉬는 시간 후에 지각정확력, 언어추리력, 판단력, 응용수리력 등의 적성검사를 실시하게 됩니다.

인문계

구분	문항 수	소요시간
지각정확력	30문항	6분
언어추리력	20문항	7분
판단력	20문항	12분
응용수리력	20문항	12분
단어연상력	20문항	10분
실제업무력	20문항	18분

이공계

구분	문항 수	소요시간
지각정확력	30문항	6분
언어추리력	20문항	7분
판단력	20문항	12분
응용수리력	20문항	12분
수추리력	20문항	10분
도식추리력	20문항	15분

1DAY

지각정확력 · 언어추리력

1. 지각정확력
2. 언어추리력

1DAY 지각정확력 · 언어추리력

1. 지각정확력

기출유형분석 　　　문제풀이 시간 : 10초

▶ 다음 제시된 문자와 같은 문자가 몇 개인지 구하시오.

378

388	357	378	399	578	876	786	783	378	287
397	378	297	578	728	978	476	675	307	378
645	387	697	278	387	748	867	378	678	738
567	987	787	587	387	377	598	689	389	387
457	378	387	877	534	348	387	475	318	587

① 6개　　　　　　　　　② 8개
③ 10개　　　　　　　　　④ 14개

 제시된 숫자군에서 378의 개수는 6개이다.

388	357	<u>378</u>	399	578	876	786	783	<u>378</u>	287
397	<u>378</u>	297	578	728	978	476	675	307	<u>378</u>
645	387	697	278	387	748	867	<u>378</u>	678	738
567	987	787	587	387	377	598	689	389	387
457	<u>378</u>	387	877	534	348	387	475	318	587

 사물에 대하여 정확히 인지하고, 오차 없이 자료를 입력하는 것은 직무를 수행하는 데 있어 가장 기본적인 능력이다. 하지만 지각력은 개인마다 큰 차이가 있다. 이러한 개인차를 판단하기 위해 실시하는 지각정확력의 평가는 사전에 비슷한 유형의 문제를 접해보고 충분히 연습한다면 좋은 결과를 기대할 수 있다.

정답 ①

[01~21] 다음 제시된 문자와 같은 문자가 몇 개인지 구하시오.

총 문항 수 : 21문항 | 총 문제풀이 시간 : 3분 30초 | 문항당 문제풀이 시간 : 10초

01

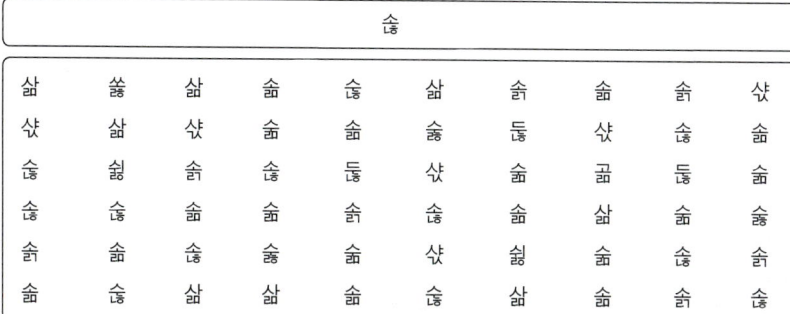

① 5개
② 6개
③ 7개
④ 8개

02

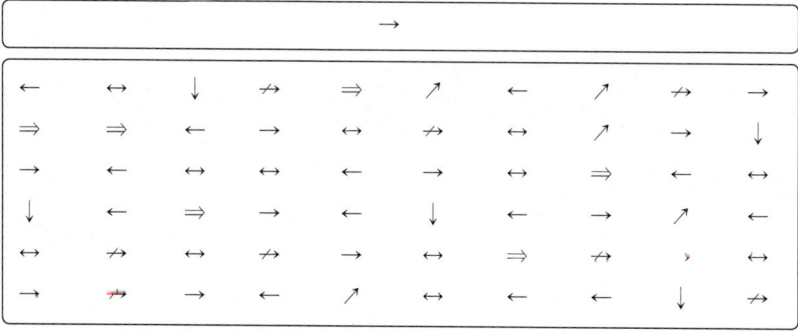

① 8개
② 9개
③ 10개
④ 11개

03

| ⋈ |

① 12개 ② 13개
③ 14개 ④ 15개

04

| F2 |

① 14개 ② 15개
③ 16개 ④ 17개

05

kHz								
mHz	gHz	tHz	kHz	mHz	sHz	mHz	tHz	gHz	mHz
sHz	kHz	sHz	hHz	hHz	tHz	kHz	kHz	tHz	sHz
gHz	mHz	sHz	mHz	kHz	gHz	sHz	tHz	gHz	hHz
tHz	hHz	kHz	gHz	sHz	sHz	mHz	kHz	tHz	mHz
kHz	mHz	tHz	sHz	kHz	gHz	tHz	sHz	gHz	tHz
mHz	hHz	tHz	mHz	sHz	tHz	gHz	mHz	kHz	sHz

① 9개　　② 10개
③ 11개　　④ 12개

06

4562								
4265	4562	5462	4625	5462	4256	4662	4625	4265	4256
4662	4256	4662	4265	4862	4562	4862	5462	4862	4625
4265	4862	4265	4862	5462	4862	4256	4265	4662	5462
4256	4562	4625	4625	4662	5462	4862	4625	4562	4256
5462	4625	4265	4256	4562	4662	5462	4265	4662	4625
4265	4256	5462	4265	4662	5462	4265	4256	4256	5462

① 3개　　② 4개
③ 5개　　④ 6개

07

訶									
珂	柯	軻	珂	苛	柯	珂	苛	軻	訶
苛	哥	苛	訶	哥	軻	哥	軻	狗	哥
柯	訶	珂	柯	珂	訶	狗	珂	苛	柯
柯	哥	軻	狗	哥	珂	苛	軻	訶	狗
珂	苛	哥	訶	柯	苛	軻	哥	軻	柯
軻	苛	珂	軻	哥	柯	柯	珂	哥	苛

① 3개 ② 4개
③ 5개 ④ 6개

08

먀									
뱌	댜	랴	야	뱌	퍄	쟈	뱌	랴	댜
야	퍄	뱌	쟈	퍄	쟈	뱌	쟈	야	랴
뱌	먀	야	뱌	댜	야	뱌	댜	먀	뱌
랴	쟈	뱌	쟈	야	먀	먀	먀	댜	야
뱌	야	퍄	뱌	뱌	랴	야	먀	야	댜
댜	랴	먀	쟈	뱌	뱌	퍄	먀	뱌	퍄
뱌	야	댜	야	랴	댜	먀	뱌	야	랴

① 4개 ② 5개
③ 6개 ④ 7개

09

MAN

NAM	MEN	NAM	MAH	MEN	ENM	NAM	EMN	MEN	NAM
MAN	EMN	MAN	MAM	EMN	NAM	MAM	MAN	MAH	MAN
NAM	MEN	MEN	MAH	NAM	EMN	ENM	MAM	MEN	NAM
MAH	EMN	MAN	EMN	ENM	MAN	MAH	MAH	EMN	MAH
MAN	MAH	ENM	MAM	MEN	MAM	ENM	NAM	MAN	ENM
MEN	MAN	NAM	MAN	MEN	MAH	MEN	MAM	MEN	NAM
MAN	ENM	MAH	MEN	MAH	MAN	NAM	MAN	ENM	MEN

① 9개   ② 11개
③ 13개 ④ 14개

10

∴

① 2개   ② 4개
③ 6개   ④ 8개

11

				걊					

괢	걊	갊	걊	걊	걊	괢	걊	갊	겶
걊	걊	걊	괢	겶	갊	괢	걊	겶	괢
갊	괢	갊	걊	겶	걊	겶	겶	걊	걊
걊	겶	걊	걊	걊	걊	겶	걊	겶	갊
걊	괢	걊	괢	걊	갊	걊	겶	걊	갊
걊	걊	걊	걊	걊	걊	걊	걊	겶	걊
괢	걊	갊	걊	걊	겶	갊	걊	걊	괢

① 3개 ② 5개
③ 7개 ④ 9개

12

				$\not\subseteq$					

$\not\supset$	$\subseteq$	$\neq$	$\not\subseteq$	$\subset$	$\subseteq$	$\supseteq$	$\not\subseteq$	$\supseteq$	$\neq$
$\neq$	$\supseteq$	$\neq$	$\supseteq$	$\neq$	$\not\supset$	$\neq$	$\not\supset$	$\subseteq$	$\not\supset$
$\not\subseteq$	$\not\subseteq$	$\not\subseteq$	$\subset$	$\not\subseteq$	$\supseteq$	$\not\subseteq$	$\subseteq$	$\not\subseteq$	$\supseteq$
$\subseteq$	$\neq$	$\not\supset$	$\supseteq$	$\subset$	$\not\subseteq$	$\not\subseteq$	$\not\subseteq$	$\not\subseteq$	$\not\supset$
$\not\supset$	$\neq$	$\supseteq$	$\neq$	$\not\supset$	$\subseteq$	$\subseteq$	$\not\subseteq$	$\subset$	$\not\subseteq$
$\subseteq$	$\not\subseteq$	$\not\subseteq$	$\not\supset$	$\subseteq$	$\subset$	$\not\supset$	$\neq$	$\not\subseteq$	$\supseteq$
$\neq$	$\subseteq$	$\neq$	$\not\subseteq$	$\not\subseteq$	$\subseteq$	$\subseteq$	$\neq$	$\not\subseteq$

① 2개 ② 3개
③ 4개 ④ 5개

13

112

112	112	113	110	118	113	117	113	115	118
110	113	115	119	112	119	112	119	113	112
112	119	112	117	110	113	118	112	118	113
117	110	119	115	119	112	115	110	117	112
113	119	113	110	118	113	119	112	119	110
118	112	119	112	119	112	118	113	112	119
110	113	110	115	117	110	117	115	118	110
112	118	117	118	112	113	118	112	115	112

① 18개 ② 19개
③ 20개 ④ 21개

14

湄

媚	楣	湄	梶	媚	嵋	湄	嵋	楣	媚
湄	嵋	楣	湄	梶	媚	迷	嵋	湄	嵋
迷	媚	迷	梶	嵋	湄	媚	楣	媚	媚
楣	梶	湄	迷	楣	媚	迷	湄	迷	梶
湄	媚	媚	嵋	媚	媚	媚	媚	湄	媚
嵋	楣	迷	湄	迷	湄	楣	梶	湄	楣
楣	湄	媚	梶	媚	迷	媚	迷	嵋	迷
媚	媚	梶	楣	媚	楣	媚	媚	楣	湄

① 11개 ② 12개
③ 13개 ④ 14개

15

PASS

BASS	TASS	PASW	PASS	TASS	BASS	PASG	PASS	PASG	PESS
TASS	PESS	PASG	PASW	BASS	PASG	PASS	PASW	BASS	PASW
PESS	PASS	PASG	PESS	PASS	TASS	BASS	PESS	TASS	PASS
PASS	PASW	BASS	PASS	BASS	PASG	PESS	PASS	PASG	BASS
PESS	TASS	PASW	PESS	TASS	PESS	PASG	BASS	PESS	PASS
BASS	PASW	PASS	PASG	BASS	PASS	PESS	PESS	PASW	PESS
PASS	TASS	PESS	PESS	PASS	TASS	PASW	BASS	PASS	PASG
PESS	BASS	PASS	PASW	PASW	PESS	PASS	PASG	TASS	BASS

① 15개 ② 16개
③ 17개 ④ 18개

16

ㄷ

ㄱ	ㄴ	ㅌ	ㅂ	ㅇ	ㄷ	ㅊ	ㅎ	ㅁ	ㄷ
ㄹ	ㅊ	ㄷ	ㅅ	ㅎ	ㅋ	ㅂ	ㅊ	ㄷ	ㅊ
ㅌ	ㅅ	ㅋ	ㅁ	ㄷ	ㅁ	ㅌ	ㅁ	ㅊ	ㅅ
ㄴ	ㄷ	ㅇ	ㄱ	ㅊ	ㄹ	ㅇ	ㄱ	ㅎ	ㄷ
ㅊ	ㅎ	ㄹ	ㅎ	ㄷ	ㄷ	ㅅ	ㅁ	ㅂ	ㅋ
ㅇ	ㅅ	ㅌ	ㅋ	ㅊ	ㅁ	ㅋ	ㄷ	ㄹ	ㅎ
ㄷ	ㄴ	ㄷ	ㅁ	ㄹ	ㅎ	ㅁ	ㅊ	ㅅ	ㄱ

① 11개 ② 12개
③ 13개 ④ 14개

17

u

u	v	n	c	r	v	g	n	r	v
q	u	e	u	b	a	u	d	u	p
d	t	c	w	f	n	m	v	n	t
u	r	v	p	u	c	u	d	c	f
a	n	w	t	m	n	e	r	q	n
n	u	v	u	n	d	v	b	v	u
u	c	n	r	v	g	u	n	u	r

① 12개 ② 13개
③ 14개 ④ 15개

18

が

か	だ	ぢ	お	ぽ	が	だ	す	ぽ	か
ぽ	が	す	が	い	ぽ	よ	れ	が	が
が	よ	か	れ	ろ	し	い	が	お	ぢ
ぢ	だ	が	お	が	だ	ぢ	れ	か	ぽ
か	が	よ	ろ	し	か	ろ	ぽ	が	れ
お	す	か	が	す	れ	い	ぢ	だ	か
だ	が	お	だ	い	が	か	よ	が	ぢ
か	ぽ	ぢ	が	だ	お	ぢ	が	す	が

① 15개 ② 16개
③ 17개 ④ 18개

19

| ■ |

① 8개　　② 9개
③ 10개　　④ 11개

20

| 1463 |

1463	1468	1453	1463	1663	1483	2463	1462	1468	1663
1462	1466	3463	1477	1466	1493	1453	1463	1466	1463
1468	2463	1463	1459	1462	1463	1468	1493	1326	1483
1483	1466	1483	1462	2463	1326	1466	1477	2463	1663
1463	1468	1459	1326	1468	1466	1463	1326	1459	1453
1663	1463	1453	1463	1459	1463	1483	1462	1463	2463
1483	2463	1462	1493	1663	1453	3463	2463	1466	1468
1453	1483	1463	1466	1663	1463	1663	1468	1462	1463

① 12개　　② 13개
③ 14개　　④ 15개

21

맑

방	앍	맑	맗	약	맑	궁	닭	말	맑
장	몲	맗	맠	갋	몲	갋	맗	샬	닭
닭	받	갋	갋	닭	앍	당	잘	갋	맗
몲	닭	찰	닭	장	맗	닭	앍	장	탈
물	강	몲	홍	탕	맑	살	맑	앍	몲
맗	앍	맗	막	닭	갋	몲	닭	믹	갋
갋	몲	앍	맗	물	받	방	물	맗	샐
갋	닭	갋	맗	앍	강	맗	닭	할	받

① 9개　　　　　　　② 10개
③ 11개　　　　　　　④ 12개

기출유형분석

▶ 다음 표에서 제시되지 않은 문자를 고르시오.

⏰ 문제풀이 시간 : 10초

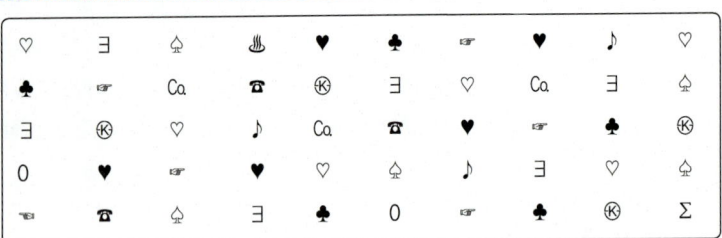

① ♨
② Σ
③ ☞
④ ☏

정답해설 제시되지 않은 문자는 '☏'이다.

♡	∃	♤	♨	♥	♣	☞	♥	♪	♡
♣	☞	Ca	☏	Ⓚ	∃	♡	Ca	∃	♤
∃	Ⓚ	♡	♪	Ca	☏	♥	☞	♣	Ⓚ
0	♥	☞	♥	♡	♤	♪	∃	♡	♤
☞	☏	♤	∃	♣	0	☞	♣	Ⓚ	Σ

정답 ④

지각정확력 · 언어추리력

[01~21] 다음 표에서 제시되지 않은 문자를 고르시오.

총 문항 수 : 21문항 | 총 문제풀이 시간 : 3분 30초 | 문항당 문제풀이 시간 : 10초

01

ㄴ	ㄹ	ㅍ	ㅌ	ㅊ	ㄹ	ㅇ	ㅂ	ㅊ	ㄴ
ㅈ	ㅊ	ㄴ	ㅂ	ㄴ	ㅊ	ㄴ	ㅌ	ㅅ	ㅍ
ㅇ	ㅍ	ㅂ	ㄴ	ㅇ	ㅍ	ㄹ	ㅂ	ㅊ	ㅇ
ㅌ	ㄹ	ㅇ	ㅈ	ㅂ	ㄷ	ㅈ	ㄴ	ㅂ	ㄹ
ㄹ	ㅌ	ㄴ	ㅈ	ㅍ	ㅈ	ㄹ	ㅂ	ㅍ	ㅇ
ㅎ	ㅈ	ㅍ	ㅇ	ㄹ	ㄴ	ㅇ	ㅈ	ㅌ	ㄴ

① ㄱ   ② ㄷ
③ ㅅ   ④ ㅎ

02

Ⅰ	Ⅲ	Ⅳ	Ⅴ	Ⅲ	Ⅶ	Ⅳ	Ⅺ	Ⅹ	Ⅲ
Ⅶ	Ⅴ	Ⅹ	Ⅰ	Ⅹ	Ⅺ	Ⅲ	Ⅹ	Ⅰ	Ⅶ
Ⅲ	Ⅹ	Ⅵ	Ⅺ	Ⅶ	Ⅴ	Ⅹ	Ⅳ	Ⅹ	Ⅰ
Ⅺ	Ⅳ	Ⅶ	Ⅹ	Ⅰ	Ⅲ	Ⅺ	Ⅰ	Ⅶ	Ⅱ
Ⅰ	Ⅲ	Ⅹ	Ⅴ	Ⅹ	Ⅻ	Ⅶ	Ⅴ	Ⅹ	Ⅲ
Ⅳ	Ⅰ	Ⅺ	Ⅰ	Ⅶ	Ⅳ	Ⅹ	Ⅲ	Ⅺ	Ⅳ

① Ⅵ   ② Ⅸ
③ Ⅻ   ④ Ⅱ

정답 01 ① | 02 ②

03

⅓	¼	⅛	¼	⅓	⅜	⅛	¼	⅓	⅜
¾	⅞	⅜	⅓	⅞	⅓	¼	⅓	⅜	¼
⅜	⅓	¼	⅓	⅛	½	⅛	⅜	⅛	⅓
¼	⅓	⅞	⅛	¼	⅞	⅓	¼	⅞	⅓
⅛	⅜	⅔	⅓	⅞	⅛	⅞	⅜	¼	⅜
¼	⅞	⅛	¼	¼	⅓	⅜	⅓	⅛	⅓

① ½
② ⅔
③ ¾
④ ⅝

04

갋	김	갬	갋	겱	굵	겷	김	갬	김
겷	굵	샧	굵	갋	갬	김	겷	갋	겷
김	갬	갬	갋	샧	겷	샧	겷	갬	굵
겷	김	겷	샧	갬	겷	갋	겷	샧	김
갚	겷	갋	겷	굵	겷	굵	겷	겷	굵
갬	갬	굵	겷	김	갋	겷	갬	김	갬

① 갊
② 갚
③ 갓
④ 갞

05

상심	상천	심심	상심	성찬	상종	상천	잔상	상심	삼잔
상종	삼잔	잔상	상종	삼잔	심심	상심	성찬	심심	상종
상천	상종	상심	삼잔	상심	삼성	잔상	삼잔	삼심	상천
성찬	심심	잔상	상종	상천	성찬	심심	상천	삼잔	잔상
심심	상천	심상	삼잔	삼성	상종	삼잔	잔상	상종	성찬
상전	상종	성찬	심심	상천	상심	성찬	심심	상심	상천

① 심상 ② 삼삼
③ 상점 ④ 상전

06

Б	е	и	Б	А	Я	и	Я	и	Я
А	и	Я	э	Я	е	Б	А	Б	е
и	Я	Б	е	б	Я	и	е	и	Б
Б	е	и	э	э	е	и	Я	е	Я
Я	й	э	Я	Б	э	А	Я	в	и
е	Я	А	А	и	е	Б	э	е	Б

① б ② в
③ ё ④ й

07

① ◆
② ✪
③ ⬒
④ ◔

08

① ↑
② ⇆
③ ⇐
④ ⇒

09

253	288	249	262	213	222	299	203	244	229
217	208	264	210	250	238	217	262	200	253
257	278	233	208	200	204	245	229	211	213
215	213	248	229	264	209	233	219	208	264
299	262	244	213	217	249	288	278	208	250
208	204	264	288	262	299	253	215	200	230

① 263
② 248
③ 257
④ 219

10

江	厦	江	羌	哥	眉	江	彊	忌	江
羌	眉	忌	遐	厦	韓	涌	厦	首	哥
厦	韓	厦	彊	涌	首	江	羌	眉	韓
眉	羌	涌	首	江	厦	忌	夏	遐	厦
厦	遐	强	遐	眉	江	厦	涌	彊	羌
江	蝦	眉	羌	厦	哥	遐	忌	江	眉

① 夏
② 湄
③ 强
④ 蝦

11

printer	project	paint	plus	paris	potato	prefer	partner	paint	poncho
pink	piano	punch	page	pound	percent	plus	play	pilot	pizza
partner	pump	prefer	project	pizza	page	pink	pump	potato	pink
page	printer	party	pilot	partner	puzzle	poncho	punch	project	paris
paris	pound	pump	page	play	plus	piano	page	printer	paris
pizza	partner	pink	piano	punch	project	paint	point	pound	plus

① party   ② pack
③ percent ④ point

이 문제 중요!
12

∃	ƒ	Σ	∏	‰	♠	♡	♣	☰	▨
♡	□	#	∃	⊞	㉦	㈜	℃	§	ƒ
0	☰	£	÷	☰	▨	☆	□	£	÷
0	∀	♠	☆	∴	※	▨	&	∃	㉦
ƒ	♡	§	♣	℃	Σ	°F	∏	☆	⊞
Σ	‰	⊞	∃	▨	§	♠	‰	ƒ	♣

① ∀   ② °F
③ ▨   ④ ※

13

㉮	㉺	㉯	㉾	㉳	㉷	㉵	㉯	㉮	㉳
㉱	㉫	㉵	㉻	㉰	㉵	㉵	㉮	㉷	㉷
㉷	㉳	㉮	㉳	㉳	㉫	㉻	㉰	㉯	㉺
㉯	㉫	㉻	㉾	㉻	㉯	㉺	㉫	㉳	㉾
㉾	㉲	㉵	㉺	㉰	㉵	㉻	㉮	㉭	㉵
㉮	㉳	㉺	㉷	㉮	㉾	㉳	㉷	㉰	㉯

① ㉂   ② ㉳
③ ㉲   ④ ㉭

14

밟	걋	넒	걍	각	락	넒	론	밟	록
론	낭	밞	밝	넴	뱗	넘	걋	밝	룕
넘	룕	날	룕	날	밥	낭	각	삵	넒
넒	록	낟	삵	뱔	밞	넴	낱	밞	날
걋	각	밞	걱	넘	밞	밝	록	걍	넘
걍	밞	넴	발	론	넒	걋	낭	룕	삵

① 롯   ② 밟
③ 갹   ④ 낲

15

ⓐ	ⓕ	ⓓ	ⓔ	ⓒ	ⓖ	ⓔ	ⓑ	ⓗ	ⓐ
ⓘ	ⓥ	ⓩ	ⓚ	ⓜ	ⓥ	ⓟ	ⓨ	ⓕ	ⓓ
ⓔ	ⓓ	ⓑ	ⓝ	ⓐ	ⓩ	ⓗ	ⓤ	ⓩ	ⓘ
ⓑ	ⓟ	ⓘ	ⓠ	ⓟ	ⓙ	ⓕ	ⓓ	ⓔ	ⓝ
ⓕ	ⓚ	ⓥ	ⓘ	ⓗ	ⓒ	ⓔ	ⓐ	ⓑ	ⓨ
ⓧ	ⓜ	ⓒ	ⓖ	ⓓ	ⓕ	ⓚ	ⓙ	ⓖ	ⓒ

① ⓠ   ② ⓢ
③ ⓤ   ④ ⓧ

16

dn	bq	en	au	ph	qp	kg	en	hf	dn
az	qp	qk	df	gn	ik	os	cn	yh	df
df	yr	hf	yh	an	wm	df	qp	bq	az
bq	ph	en	df	im	bq	vw	tv	gv	dn
qp	au	ik	dn	xp	en	bq	ju	pq	qk
df	bn	bq	cn	qk	os	hf	kg	gn	yh
en	hf	df	ph	dn	hf	df	qp	az	bq

① an   ② pq
③ bn   ④ hg

17

◐	◗	◑	●	∴	≒	℃	@	◐	⋯
𝄞	♪	→	÷	#	●	∩	∫	&	◒
▷	◐	←	◐	∪	☆	◐	◐	∞	◎
∞	$	※	◎	∞	∂	𝄞	◐	▽	◐
◐	∵	◐	●	△	Å	▷	∴	≠	∵
≒	‰	◐	%	∬	◐	♪	⊆	∞	◎
◐	▼	∞	≒	◐	◎	∞	◐	▲	◒

① ◐ ② ◐
③ ∝ ④ ∵

18

ア	カ	サ	ヅ	ミ	テ	ビ	ベ	ホ	ウ
オ	ク	エ	ソ	モ	オ	ラ	リ	ヌ	ハ
ビ	ド	ウ	ス	ハ	ポ	カ	ヒ	プ	オ
リ	ヅ	ポ	プ	エ	オ	プ	ズ	ポ	ス
カ	モ	ベ	ホ	プ	ア	ポ	ス	モ	ド
エ	テ	ミ	ハ	サ	ソ	ド	ウ	ヌ	ソ
ベ	リ	ア	ヌ	ド	ラ	イ	リ	ホ	ヅ
サ	ビ	ラ	ウ	ホ	モ	エ	オ	テ	カ

① ク ② ズ
③ フ ④ イ

19

637	562	485	127	896	638	557	619	113	177
522	462	391	637	139	531	216	616	611	531
425	254	245	621	153	422	335	412	513	862
361	135	435	830	912	896	138	116	336	166
142	199	157	133	328	374	309	527	564	535
577	467	907	688	617	507	500	520	523	168
106	615	612	315	531	161	412	621	661	445
551	555	129	333	669	774	588	493	737	638

① 135　　　　　　　② 524
③ 612　　　　　　　④ 116

20

黃	沆	浪	方	黃	浪	茶	迦	黃	浪
草	治	車	汀	友	相	碼	洪	思	慈
思	傑	碼	物	甘	出	樂	車	茶	治
茶	浪	道	洋	荷	慈	昌	黃	汀	傑
荷	洋	洪	茶	汀	草	鳥	浪	方	荷
甘	馬	方	迦	同	洪	沆	荷	車	碼
治	傑	車	友	治	昌	傑	慈	草	洋
芳	沆	相	浪	碼	思	道	甘	黃	迦

① 樂　　　　　　　② 芳
③ 港　　　　　　　④ 馬

21

æ	Ɲ	Œ	Ƕ	œ	Β	Ł	ɫ	Ⱶ	ħ
Þ	ɗ	Ƚ	ĸ	ŧ	Ŧ	æ	ĸ	Ł	ɗ
Ł	ħ	Þ	ɗ	ĸ	ɗ	Þ	ɗ	æ	Ø
ɗ	Ɲ	æ	Ø	ɫ	Œ	ɫ	ŋ	Ⱶ	Ɲ
Œ	Β	Β	Þ	ŋ	ħ	Ø	Ƚ	ŧ	ɗ
Ø	ħ	Ŧ	ŧ	Ł	ɫ	Ɲ	Þ	Β	Đ
Ŧ	Æ	Þ	œ	Þ	Ⱶ	æ	ħ	æ	æ
Ɲ	Ⱶ	ħ	Œ	ɗ	Ƕ	œ	Œ	Ƚ	Ɲ

① Æ
② Đ
③ Ƕ
④ Ỻ

2. 언어추리력

기출유형분석   문제풀이 시간 : 15초

▶ 다음 〈보기 1〉을 이용하여 〈보기 2〉의 '참, 거짓, 알 수 없음'을 판단하시오.

보기 1
- 모든 물은 얼음이 되거나 수증기가 된다.
- 어떤 물은 얼음이 아니다.

보기 2
어떤 물은 수증기이다.

① 참   ② 거짓   ③ 알 수 없음

정답해설 모든 물은 얼음이 되거나 수증기가 되는데, 어떤 물은 얼음이 아니므로 어떤 물은 수증기라는 문장은 참이다.

핵심정리 논지 전개 방식
- **연역법** : 일반적 사실이나 원리를 전제로 하여 개별적인 특수한 사실이나 원리를 결론으로 이끌어 내는 추리 방법을 이른다. 경험에 의하지 않고 논리상 필연적인 결론을 내게 하는 것으로, 삼단논법이 그 대표적인 형식이다.
  예 모든 사람은 잘못을 저지르는 수가 있다. 모든 지도자도 사람이다. 그러므로 지도자도 잘못을 저지르는 수가 있다.
- **귀납법** : 개별적인 특수한 사실이나 원리를 전제로 하여 일반적인 사실이나 원리로서의 결론을 이끌어 내는 연구 방법을 이른다. 특히 인과관계를 확정하는 데에 사용된다.
  - **일반화** : 사례들을 제시한 후 그를 통해 다른 사례들도 모두 마찬가지라는 결론을 도출
    예 국어는 소리, 의미, 어법의 3요소로 이루어져 있다. 영어도 마찬가지이다. 중국어도 마찬가지이다. 그러므로 모든 언어는 소리, 의미, 어법의 3요소로 이루어져 있다.
  - **유추** : 서로 다른 범주에 속하는 두 대상 간에 존재하는 유사성을 근거로 구체적 속성도 일치할 것이라는 결론을 도출
    예 지구에는 생물이 산다. 화성에는 지구와 마찬가지로 공기, 육지, 물이 있다. 따라서 화성에도 생물이 살 것이다.

정답 ①

01

보기 1
- 그는 수요일 아침에만 커피를 마신다.
- 오늘은 수요일이 아니다.

보기 2
그는 오늘 커피를 마실 것이다.

① 참　　　　　② 거짓　　　　　③ 알 수 없음

정답해설 그는 수요일 아침에만 커피를 마시는데 오늘은 수요일이 아니므로 그가 오늘 커피를 마실 것이라는 문장은 거짓이다.

02

보기 1
- 이를 닦는 사람은 청결하다.
- 세탁하지 않는 사람은 청결하다.

보기 2
청결한 사람은 이를 닦는다.

① 참　　　　　② 거짓　　　　　③ 알 수 없음

정답해설 청결한 사람은 이를 닦는다는 문장은 주어진 명제의 '역'에 해당하므로 항상 참인지 알 수 없다.

정답 01 ② | 02 ③

03

보기 1
- 승미는 학교에 가장 먼저 도착한다.
- 영록이는 승미보다 20분 늦게 등교한다.
- 명국이는 영록이보다 10분 일찍 등교한다.

보기 2
영록이가 가장 늦게 등교한다.

① 참　　　　　② 거짓　　　　　③ 알 수 없음

정답해설 승미 – 명국 – 영록의 순으로 등교하므로 영록이가 가장 늦게 등교한다.

04

보기 1
- 일주일 중에 4일은 비가 내렸다.
- 비가 수요일부터 이틀 연달아 내렸다.
- 일요일에 비가 내리고 다음날은 맑았다.

보기 2
화요일은 맑은 날씨였다.

① 참　　　　　② 거짓　　　　　③ 알 수 없음

정답해설 일주일 중에 비가 내린 날은 수요일, 목요일, 일요일이다. 월요일은 날씨가 맑았고 화요일, 금요일, 토요일 중에 하루는 비가 내린 날인데 그 중 어느 날인지는 알 수 없다.

05

보기 1
- 하늘이는 커피는 좋아하지만 녹차는 싫어한다.
- 기쁨이는 커피, 녹차, 홍차를 모두 싫어한다.
- 희망이는 녹차는 싫어하지만 홍차는 좋아한다.

보기 2
하늘, 기쁨, 희망이는 모두 녹차를 싫어한다.

 ① 참　　　　　② 거짓　　　　　③ 알 수 없음

정답해설 ○ : 좋아함, × : 싫어함, ? : 알 수 없음

구분	커피	홍차	녹차
하늘	○	?	×
기쁨	×	×	×
희망	?	○	×

06

보기 1
- 한 판이 8조각인 피자를 형과 나, 동생이 나누어 먹었다.
- 동생이 나보다 피자 1조각을 더 먹었다.
- 형은 나보다 피자 1조각을 더 먹었다.

보기 2
나는 피자 3조각을 먹었다.

① 참　　　　　② 거짓　　　　　③ 알 수 없음

정답해설 내가 3조각을 먹었다면 형과 동생은 각각 4조각을 먹은 것으로 이들이 먹은 피자는 모두 11조각이다. 그러나 피자 한 판은 8조각이므로 마지막 문장은 성립하지 않는다. 따라서 거짓이다.

 정답 03 ①　| 04 ③　| 05 ①　| 06 ②

07

보기 1
- 철수는 평소 자동차를 타고 출근한다.
- 철수는 비가 오는 날에는 전철을 이용하여 출근한다.
- 오늘은 새벽부터 비가 내려 퇴근 시간에나 그칠 것이다.

보기 2
철수는 오늘 전철을 타고 출근할 것이다.

① 참　　　　② 거짓　　　　③ 알 수 없음

정답해설 오늘은 새벽부터 비가 내리고 있고, 철수는 비가 오는 날에는 전철을 이용하여 출근한다고 했으므로 철수는 오늘 전철을 타고 출근할 것이다.

08

보기 1
- A는 C의 이모다.
- D는 A의 아버지다.
- B는 C의 아버지다.

보기 2
B는 D의 아들이다.

① 참　　　　② 거짓　　　　③ 알 수 없음

정답해설 B는 D의 사위이다.

09

보기 1
- 어떤 약의 주성분은 버섯으로부터 추출한다.
- 어떤 버섯은 독이 있다.

보기 2
버섯은 약의 재료가 되기도 한다.

① 참 ② 거짓 ③ 알 수 없음

정답해설 어떤 약의 주성분은 버섯으로부터 추출하므로 버섯은 약의 재료가 되기도 한다.

10

보기 1
- 미래는 중요하다.
- 미래보다 더 중요한 것은 현재다.
- 과거 없이 미래는 없다.

보기 2
미래가 현재보다 중요하다.

① 참 ② 거짓 ③ 알 수 없음

정답해설 미래가 중요하지만 현재는 더 중요하므로 '현재의 중요성〉미래의 중요성'의 결론을 도출할 수 있다.

정답 07 ① | 08 ② | 09 ① | 10 ②

11

보기 1
- 위성 방송을 시청하는 모든 사람은 케이블 방송을 시청하지 않는다.
- 케이블 방송을 시청하는 사람들 중 일부는 인터넷 방송도 시청한다.

보기 2
인터넷 방송을 시청하는 사람들 중 위성 방송을 시청하지 않는 사람이 있다.

① 참 ② 거짓 ③ 알 수 없음

정답해설
위성 방송을 시청하는 모든 사람은 케이블 방송을 시청하지 않는다.=케이블 방송을 시청하는 모든 사람은 위성 방송을 시청하지 않는다. 케이블 방송을 시청하는 사람들 중 일부는 인터넷 방송도 시청한다.=인터넷 방송을 시청하는 사람들 중에 케이블 방송을 시청하는 사람들이 있다.
그러므로 인터넷 방송을 시청하는 사람들 중 위성 방송을 시청하지 않는 사람이 있다.

12

보기 1
- 파란색, 노란색, 보라색 기둥의 순으로 나란히 세워 놓았다.
- 빨간색 기둥을 노란색 기둥보다 앞에 세워 놓았다.
- 초록색 기둥을 빨간색 기둥보다 뒤에 세워 놓았다.

보기 2
초록색 기둥이 맨 뒤에 있다.

① 참 ② 거짓 ③ 알 수 없음

정답해설
빨간색 기둥의 위치는 노란색 기둥 앞일 수도 있고, 파란색 기둥 앞일 수도 있다. 초록색 기둥의 위치는 파란색 기둥 앞일 수도 있고, 파란색 기둥 뒤일 수도 있고, 노란색 기둥 뒤일 수도 있고, 보라색 기둥 뒤일 수도 있다. 따라서 어떤 기둥이 맨 뒤에 있는지 알 수 없다.

13

보기 1
- 정아와 윤희는 자매간이다.
- 영희와 민수는 사촌 간이다.
- 정아와 영희는 사촌 간이다.
- 숙희와 현수는 사촌 간이다.

보기 2
윤희와 영희는 사촌 간이다.

① 참　　　　　② 거짓　　　　　③ 알 수 없음

 정아와 윤희는 자매간이고 정아와 영희는 사촌 간이므로 윤희와 영희도 사촌 간이다.

14

보기 1
- 주영이의 어머니는 가족 중에 제일 먼저 일어난다.
- 주영이의 동생은 주영이보다 늦게 일어난다.
- 주영이의 아버지는 주영이보다 먼저 일어난다.

보기 2
주영이의 동생이 가족 중에 제일 늦게 일어난다.

① 참　　　　　② 거짓　　　　　③ 알 수 없음

 주영이의 어머니〉주영이의 아버지〉주영이〉주영이의 동생 순으로 일어나므로 주영이의 동생이 제일 늦게 일어난다.

정답 11 ② | 12 ③ | 13 ① | 14 ①

3일 벼락치기 KT그룹 종합인적성검사

15

보기 1
- A, B, C가 일렬로 앉아 있을 때, A의 왼쪽에 B가 앉아 있다.
- B의 왼쪽에 D가 앉아 있다.
- C의 오른쪽에 D가 앉아 있다.

보기 2
오른쪽 끝에 앉은 사람은 D이다.

① 참　　　　② 거짓　　　　③ 알 수 없음

정답해설 왼쪽부터 C-D-B-A의 순으로 앉아 있으므로, 오른쪽 끝에 앉아 있는 사람은 A이다.

16

보기 1
- 과학을 좋아하는 A는 수학도 좋아한다.
- B는 수학도 잘하지만 영어는 더 잘한다.
- C는 수학은 A보다 잘하지만 영어는 B보다 못한다.

보기 2
A는 C보다 수학을 못한다.

① 참　　　　② 거짓　　　　③ 알 수 없음

정답해설 제시된 문장에는 '좋아한다'와 '잘한다'의 서술어가 모두 나타난다. 이때, 좋아한다는 서술이 잘한다는 의미가 아니다. 세 번째 문장을 통해 수학 능력은 C〉A이고, 영어 능력은 B〉C임을 알 수 있다. 따라서 A는 C보다 수학을 못한다.

17

보기 1
- A는 D보다 앞서 들어왔으나 E보다 늦게 들어왔다.
- B는 D보다 앞서 들어왔으나 C보다 늦게 들어왔다.
- C는 A보다 늦게 들어왔다.

보기 2
E〉C〉A〉B〉D의 순으로 들어왔다.

① 참   ② 거짓   ③ 알 수 없음

정답해설
A는 D보다 앞서 들어왔으나 E보다 늦게 들어왔다. → E〉A〉D
B는 D보다 앞서 들어왔으나 C보다 늦게 들어왔다. → C〉B〉D
C는 A보다 늦게 들어왔다. → A〉C
따라서 E〉A〉C〉B〉D순으로 들어왔다.

18

보기 1
- 철수는 희수와는 키가 같고 영수보다는 크다.
- 상수는 민수보다 작다.
- 동수는 영수와는 키가 같고 민수보다는 크다.
- 희수와 상수는 명수보다 크다.

보기 2
영수보다 키가 큰 사람은 철수와 희수이다.

① 참   ② 거짓   ③ 알 수 없음

정답해설
키를 모두 비교하면 '철수=희수〉영수=동수〉민수〉상수〉명수'이다. 따라서 영수보다 키가 큰 사람은 철수와 희수이다.

정답 15 ② | 16 ① | 17 ② | 18 ①

19

보기 1
- 일렬로 있는 여섯 개의 의자에 여섯 명의 학생들이 나란히 앉아 있다.
- 현숙이는 경철이의 바로 오른쪽에 앉아 있다.
- 정수는 현숙이와 민서의 사이에 있다.
- 병국이는 영민이와 민서의 사이에 있다.

보기 2
정수의 바로 왼쪽에 앉은 사람은 민서이다.

① 참　　　　　　② 거짓　　　　　　③ 알 수 없음

정답해설 여섯 명의 학생들은 왼쪽에서부터 '경철, 현숙, 정수, 민서, 병국, 영민'의 순으로 앉아있다. 따라서 정수의 바로 왼쪽에 앉은 사람은 현숙이다.

소요시간		채점결과	
목표시간	4분 45초	총 문항수	19문항
실제 소요시간	(　)분(　)초	맞은 문항 수	(　)문항
초과시간	(　)분(　)초	틀린 문항 수	(　)문항

기출유형분석

⏱ 문제풀이 시간 : 45초

▶ 주어진 명제를 이용하여 다음 문장의 '참, 거짓, 알 수 없음'을 판단하시오.

- 노란색을 좋아하는 사람은 클래식을 좋아한다.
- 클래식을 좋아하는 사람은 마음이 따뜻하다.
- 노란색을 좋아하지 않는 사람은 우유를 좋아하지 않는다.

01 우유를 좋아하는 사람은 클래식을 싫어한다.

① 참　　　　　　　② 거짓　　　　　　　③ 알 수 없음

02 노란색을 싫어하는 사람은 클래식을 좋아한다.

① 참　　　　　　　② 거짓　　　　　　　③ 알 수 없음

03 우유를 좋아하는 사람은 마음이 따뜻하다.

① 참　　　　　　　② 거짓　　　　　　　③ 알 수 없음

정답해설 첫 번째와 두 번째 문장에서 '노란색을 좋아하는 사람→클래식을 좋아함→마음이 따뜻한 사람'이 성립한다. 그리고 세 번째 문장의 대우명제(우유를 좋아하는 사람은 노란색을 좋아하는 사람)가 참이므로, '우유를 좋아하는 사람→노란색을 좋아함'이 성립한다. 따라서 '우유를 좋아하는 사람→마음이 따뜻함'이 성립한다. 우유를 좋아하는 사람은 클래식을 좋아하고, 노란색을 좋아하는 사람은 클래식을 좋아한다.

정답 01 ② | 02 ② | 03 ①

정답 19 ②

[01~04] 주어진 명제를 이용하여 다음 문장의 '참, 거짓, 알 수 없음'을 판단하시오.

총 문항 수 : 4문항 | 총 문제풀이 시간 : 1분 | 문항당 문제풀이 시간 : 15초

- 주포는 제트기보다 더 느리지만 화려하다.
- 자동차는 썰매보다 더 빠르지만 화려하지 않다.
- 자동차는 제트기보다 더 느리지만 화려하다.

01 나비는 제트기보다 더 느리지만 화려하다.

① 참　　　　　　② 거짓　　　　　　③ 알 수 없음

02 자동차는 제트기보다 빠르지만 화려하지 않다.

① 참　　　　　　② 거짓　　　　　　③ 알 수 없음

03 주포는 썰매보다 더 빠르지만 화려하지 않다.

① 참　　　　　　② 거짓　　　　　　③ 알 수 없음

04 썰매는 제트기보다 더 느리지만 화려하다.

① 참　　　　　　② 거짓　　　　　　③ 알 수 없음

정답해설
속도(빠르기) : 제트기>주포, 제트기>자동차>썰매
미관(화려함) : 주포>제트기, 썰매>자동차>제트기

[05~08] 주어진 명제를 이용하여 다음 문장의 '참, 거짓, 알 수 없음'을 판단하시오.

총 문항 수 : 4문항 | 총 문제풀이 시간 : 1분 | 문항당 문제풀이 시간 : 15초

- 파랑 상자는 빨강 상자에 들어간다.
- 주황 상자는 노랑 상자에 들어간다.
- 노랑 상자와 파랑 상자는 같은 크기이다.

05 파랑 상자는 노랑 상자에 들어갈 수 없다.

① 참　　　　　　② 거짓　　　　　　③ 알 수 없음

06 빨강 상자는 노랑 상자에 들어간다.

① 참　　　　　　② 거짓　　　　　　③ 알 수 없음

07 빨강 상자는 주황 상자에 들어가지 않는다.

① 참　　　　　　② 거짓　　　　　　③ 알 수 없음

08 노랑 상자는 빨강 상자에 들어가지 않는다.

① 참　　　　　　② 거짓　　　　　　③ 알 수 없음

상자 크기 : 빨강 상자〉파랑 상자=노랑 상자〉주황 상자

정답 01 ③ | 02 ② | 03 ③ | 04 ① | 05 ① | 06 ② | 07 ① | 08 ②

[09~11] 주어진 명제를 이용하여 다음 문장의 '참, 거짓, 알 수 없음'을 판단하시오.

총 문항 수 : 3문항 | 총 문제풀이 시간 : 45초 | 문항당 문제풀이 시간 : 15초

- 민수, 민철, 민숙, 민희 4남매는 저녁으로 피자, 치킨, 보쌈, 탕수육을 먹고 싶어한다.
- 각자의 선호에 따라 주문할 것이다.
- 민수는 피자와 치킨을 싫어한다.
- 민철은 탕수육을 싫어한다.
- 민숙을 피자를 싫어한다.
- 민희는 보쌈을 원한다.

09 민수는 치킨을 주문할 것이다.

① 참　　　　② 거짓　　　　③ 알 수 없음

10 민숙은 치킨을 싫어하지는 않는다.

① 참　　　　② 거짓　　　　③ 알 수 없음

11 민희는 보쌈을 주문할 것이다.

① 참　　　　② 거짓　　　　③ 알 수 없음

정답해설 ○ : 원함, △ : 보통, × : 싫어함

구분	피자	치킨	보쌈	탕수육
민수	×	×	△	△
민철	△	△	△	×
민숙	×	△	△	△
민희	△	△	○	△

[12~14] 주어진 명제를 이용하여 다음 문장의 '참, 거짓, 알 수 없음'을 판단하시오.

총 문항 수 : 3문항 | 총 문제풀이 시간 : 45초 | 문항당 문제풀이 시간 : 15초

- A는 B의 장모이다.
- B와 C는 부부이다.
- C는 D의 어머니이다.
- E는 A의 외손녀이고, C에게는 형제, 자매가 없다.

12 D와 E는 남매이다.

① 참　　　　　② 거짓　　　　　③ 알 수 없음

13 B는 E의 아버지이다.

① 참　　　　　② 거짓　　　　　③ 알 수 없음

14 C는 A의 사위이다.

① 참　　　　　② 거짓　　　　　③ 알 수 없음

> **정답해설** 주어진 조건으로 확인할 수 있는 것은 B와 C는 부부이며, A는 C의 어머니, D와 E는 B와 C의 자녀라는 것이다. 또한 성별은 B는 남자, A, C, E는 여자이며, D의 성별은 판단할 수 없다. 따라서 D와 E가 남매인지 자매인지는 알 수 없다. C는 A의 외동딸이다.

정답 09 ② | 10 ① | 11 ① | 12 ③ | 13 ① | 14 ②

[15~16] 주어진 명제를 이용하여 다음 문장의 '참, 거짓, 알 수 없음'을 판단하시오.

총 문항 수 : 2문항 | 총 문제풀이 시간 : 30초 | 문항당 문제풀이 시간 : 15초

- A회사에선 일주일에 3일은 업무, 2일은 휴식, 2일은 여행을 한다.
- 비오기 전날은 여행하지 않는다.
- 비오는 날은 업무를 보지 않는다.
- 이번 주 화요일, 목요일, 토요일에 비가 왔다.
- 일요일은 항상 휴식을 취한다.

15 업무를 보는 날은 월요일, 수요일, 금요일이다.

① 참　　　　　　② 거짓　　　　　　③ 알 수 없음

16 이번 주 목요일과 토요일에 여행을 간다.

① 참　　　　　　② 거짓　　　　　　③ 알 수 없음

구분	월	화	수	목	금	토	일
비							
업무	O	X	O	X	O	X	X
휴식	X		X		X		O
여행	X		X		X		

휴식을 취하는 날을 확실히 알 수 없으므로 화요일, 목요일, 토요일 중에서 언제 여행을 갈지는 알 수 없다.

[17~20] 주어진 명제를 이용하여 다음 문장의 '참, 거짓, 알 수 없음'을 판단하시오.

총 문항 수 : 4문항 | 총 문제풀이 시간 : 1분 | 문항당 문제풀이 시간 : 15초

- 대한빌라의 주민들은 모두 A의 친척이다.
- B는 자식이 없다.
- C는 A의 오빠이다.
- D는 대한빌라의 주민이다.
- A의 아들은 미국에 산다.

17 A의 아들은 C와 친척이다.

① 참   ② 거짓   ③ 알 수 없음

18 D는 A와 친척 간이다.

① 참   ② 거짓   ③ 알 수 없음

19 B는 대한빌라의 주민이다.

① 참   ② 거짓   ③ 알 수 없음

20 A와 D는 둘 다 남자이다.

① 참   ② 거짓   ③ 알 수 없음

정답해설 C가 A의 오빠라고 했으므로 A는 여자이고, A의 아들은 C와 친척이다. D는 대한빌라의 주민이고, 대한빌라의 주민들은 모두 A의 친척이라고 했으므로 D는 A와 친척 간이다. 주어진 명제만으로 B가 대한빌라의 주민이라고 판단할 수 없다.

정답 15 ① | 16 ③ | 17 ① | 18 ① | 19 ③ | 20 ②

[21~23] 주어진 명제를 이용하여 다음 문장의 '참, 거짓, 알 수 없음'을 판단하시오.

총 문항 수 : 3문항 | 총 문제풀이 시간 : 45초 | 문항당 문제풀이 시간 : 15초

- A는 같은 부서 직원 중 항상 가장 먼저 출근한다.
- A와 같은 부서에 근무하는 B는 매일 8시 30분에 출근한다.
- B와 같은 부서에 근무하는 C는 가끔 7시 30분에 출근한다.
- C와 같은 층에 근무하는 D는 매일 8시에 출근한다.

21 A는 항상 8시 30분 이전에 출근한다.

① 참   ② 거짓   ③ 알 수 없음

22 B는 C보다 늦게 출근한다.

① 참   ② 거짓   ③ 알 수 없음

23 D는 A보다 늦게 출근한다.

① 참   ② 거짓   ③ 알 수 없음

> **정답해설**
> A가 같은 부서 직원 중 항상 먼저 출근하며 같은 부서의 B는 매일 8시 30분에 출근하므로, A는 항상 8시 30분 이전에 출근한다는 것을 알 수 있다. C가 7시 30분에 출근하는 날은 B보다 먼저 출근하지만, 다른 날에도 B보다 먼저 출근하는지는 주어진 명제만으로는 알 수 없다. A, B, C와 같은 층에 근무하는 D의 부서가 A, B, C와 같은지 다른지 주어진 명제만으로는 알 수 없으므로 서로의 출근시간을 비교할 수 없다.

[24~26] 주어진 명제를 이용하여 다음 문장의 '참, 거짓, 알 수 없음'을 판단하시오.

총 문항 수 : 3문항 | 총 문제풀이 시간 : 45초 | 문항당 문제풀이 시간 : 15초

- 모든 금속은 전기가 통한다.
- 광택이 난다고 해서 반드시 금속은 아니다.
- 전기가 통하지 않고 광택이 나는 물질이 존재한다.
- 광택이 나지 않으면서 전기가 통하는 물질이 존재한다.
- 어떤 금속은 광택이 난다.

24 전기가 통하지 않으면 금속이 아니다.

① 참   ② 거짓   ③ 알 수 없음

25 전기도 통하고 광택도 나는 물질이 존재한다.

① 참   ② 거짓   ③ 알 수 없음

26 광택을 내지 않는 금속은 없다.

① 참   ② 거짓   ③ 알 수 없음

정답해설 첫 번째 조건의 대우명제인 '전기가 통하지 않으면 금속이 아니다.'는 참이다. 어떤 금속은 광택을 내며, 모든 금속은 전기가 통하므로 이 명제는 참이다. '광택을 내지 않는 금속은 없다.'는 '모든 금속은 광택이 난다.'의 대우이다. 그러나 '어떤 금속은 광택이 난다.'라는 조건에 따라 '광택을 내지 않는 금속은 없다.'는 거짓이다.

TIP 논리 관례

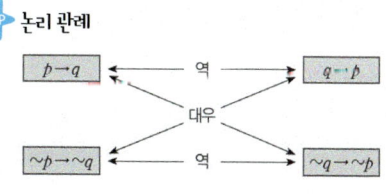

정답 21 ① | 22 ③ | 23 ③ | 24 ① | 25 ① | 26 ②

[27~30] 주어진 명제를 이용하여 다음 문장의 '참, 거짓, 알 수 없음'을 판단하시오.

총 문항 수 : 4문항 | 총 문제풀이 시간 : 1분 | 문항당 문제풀이 시간 : 15초

- 7층짜리 아파트에 신애, 연미, 인선, 미주, 철중, 가민, 혜인이 살고 있다.
- 한 사람이 한 층을 전부 사용한다.
- 미주는 인선의 아래층에 살고, 가민은 신애보다 3개 층 위에 산다.
- 1층에 사는 사람은 연미가 아니다.
- 연미는 혜인의 위층에 살고, 철중은 혜인보다 낮은 층에 산다.
- 미주는 6층에 살고, 신애는 2층에 산다.

27 가민은 5층에 산다.

① 참   ② 거짓   ③ 알 수 없음

28 연미는 7층에 산다.

① 참   ② 거짓   ③ 알 수 없음

29 철중은 4층 이상에 산다.

① 참   ② 거짓   ③ 알 수 없음

30 혜인은 3층에 산다.

① 참   ② 거짓   ③ 알 수 없음

> **정답해설** 정확하게 층이 제시된 미주와 신애를 기준으로 삼아 명제의 조건을 정리하면 다음과 같다.

7층	인선
6층	미주
5층	가민
4층	연미
3층	혜인
2층	신애
1층	철중

소요시간		채점결과	
목표시간	7분 30초	총 문항수	30문항
실제 소요시간	( )분 ( )초	맞은 문항 수	( )문항
초과시간	( )분 ( )초	틀린 문항 수	( )문항

정답 27 ① | 28 ② | 29 ② | 30 ①

3일 벼락치기

판단력 · 응용수리력

1. 판단력
2. 응용수리력

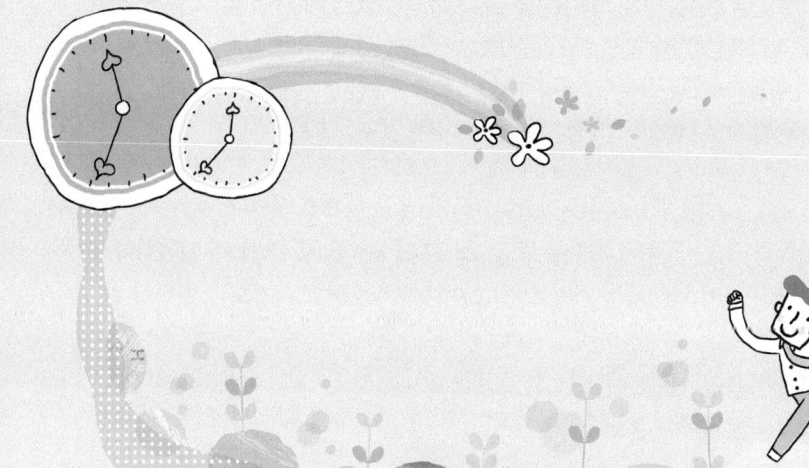

2DAY 판단력 · 응용수리력

1. 판단력

기출유형분석 문제풀이 시간 : 35초

▶ 다음 글을 읽고 주제로 가장 알맞은 것을 고르시오.

문학이나 예술과 마찬가지로 과학 역시 특정한 사회적 환경 속에 존재하는 개인이나 집단에 의해 산출되지만, 과학은 그런 개인의 특성이나 사회적 환경에 의해 속박되지 않는다. 『햄릿』은 셰익스피어가 없었더라면 영원히 존재하지 않았겠지만 과학은 이와 다르다. 뉴턴이 어려서 죽는 바람에 1687년에 『프린키피아』가 저술되지 않았다고 해도 필시 다른 누군가가 몇 년 혹은 늦어도 몇 십 년 뒤에 그 책에 담긴 역학의 핵심 내용, 즉 보편중력의 법칙과 운동 3법칙에 해당하는 것을 발표했을 것이다. 여러 명의 과학자가 같은 시기에 서로 독립적으로 동일한 과학적 발견에 도달하는 동시발견의 사례들이 이를 간접적으로 입증한다. 또 과학적 발견을 성취해 낸 과학자가 지닌 고유한 품성은 설령 그것이 그 발견에 중요한 역할을 한 경우라 해도 그 성과물이 일단 그의 손을 떠나고 난 뒤에는 과학자들의 연구 활동에 아무런 영향도 미치지 않는다. 근대 이후 과학이 확산된 모습을 보라. 16세기 이후 최근에 이르기까지 실질적으로 모든 과학적 발견은 유럽 문명의 울타리 안에서 이루어졌지만 그 열매인 과학 이론은 전 세계에 확산되어 활용되고 있다. 모든 문화권이 이렇게 과학을 수용한 것과 대조적으로 유럽의 정치 체제나 종교나 예술이 그처럼 보편적으로 수용된 것은 아니다.

① 과학적 이론의 발견과 과학자들의 연구 활동은 별개의 것이다.
② 공통된 사회·문화적 맥락을 바탕으로 할 때 과학의 동시발견이 가능하다.
③ 과학 이론이 탄생하는 과정보다 그 이론이 수용되고 사용되는 맥락이 더 중요하다.
④ 과학은 특정 개인들이 특정 문화 속에서 만든 것이지만 개인과 문화를 초월하는 보편적인 것이다.

> 제시문의 첫 문장과 마지막 문장인 '특정한 사회적 환경 속에 존재하는 개인이나 집단에 의해 산출되지만, 과학은 그런 개인의 특성이나 사회 환경에 의해 속박되지 않는다.', '모든 문화권이 과학을 수용한 것과 대조적으로 유럽의 정치체계나 종교나 예술은 보편적으로 수용된 것은 아니다.'를 보면 이 글의 주제를 파악할 수 있다.
>
> 정답 ④

[01~10] 다음 글을 읽고 주제로 가장 알맞은 것을 고르시오.

총 문항 수 : 10문항 | 총 문제풀이 시간 : 5분 50초 | 문항당 문제풀이 시간 : 35초

01

겸형 적혈구 빈혈증이라는 유전병은 산소를 운반하는 헤모글로빈 단백질 유전자의 조그만 변이에서 초래된다. 겸형 적혈구 빈혈증 환자의 적혈구는 산소가 부족할 때 변형되어 서로 엉겨 붙음으로써 염증 반응이나 조직 손상을 유발한다.

말라리아가 풍토병인 적도 부근의 아프리카에서는 겸형 적혈구 빈혈증 환자가 매우 흔하다. 최근 과학자들은 겸형 적혈구를 가진 환자가 혈액 기생충 질환인 말라리아에 저항성을 보인다는 것을 알아내었다. 따라서, 이 지방의 겸형 적혈구 환자는 말라리아에 저항성을 보여 상대적으로 생존할 가능성이 높을 것이다.

① 말라리아가 아프리카에 미치는 영향
② 풍토병에 따른 유전자 변이
③ 겸형 적혈구 빈혈증의 치료약인 말라리아
④ 환경에 따른 유전자 변이의 득과 실

> 첫 번째 문단은 유전자가 변이된 겸형 적혈구 빈혈증이란 병의 해로움을, 두 번째 문단은 그 이로움을 설명하고 있다.

정답 01 ②

02

경덕왕(景德王) 시절에 백월산(白月山) 동쪽 선천(仙川)마을에 달달박박과 노힐부득이라는 청년이 살았다. 그들은 세상사에 관심이 없어 불교에 귀의하여 인근사찰로 들어가 불도를 닦기 시작하였다.

어느 날 밤 이 두 승려는 서쪽에서 찬란한 빛이 자기를 비추었고, 빛 속에서는 금빛 나는 팔이 뻗쳐오면서 머리를 쓰다듬는 꿈을 꾸었다. 이것이 더욱 정진하라는 부처님의 계시임을 깨달은 두 승려는 득도의 삶이 가까운 것을 알고 산골 깊은 골짜기로 수도처를 옮겨 용맹정진하였다.

그러던 어느 날 아름다운 낭자가 갑자기 찾아와, 밤이 되어 갈 곳이 없으니 자고 가기를 청했다. "길 가다가 해가 지니 온 산은 어두워지는데 갈 길은 막히고 갈 곳은 멀어 막막합니다. 오늘 밤 이 암자에서 자고 가고자 하오니 자비로운 스님이시여 노여워하지 마시오."

달달박박은 낭자의 요청을 거절하였다. 깊은 산 속에 여자 혼자 방황하는 것은 안타까운 일이지만 수도승이 계율을 어기는 것은 득도에 방해가 될 터였다. 달달박박은 수도 생활의 목적을 달성하기 위해서는 어찌할 수 없는 선택이라 생각하였다.

한편 노힐부득은 달달박박과는 달리 낭자의 요청을 받아들였다. 계율을 어기는 것은 득도의 길을 늦추게 할지도 모른다. 그러나 계율에 얽매여 사람을 돕는 일을 소홀히 한다면, 그것이 오히려 득도를 막는 일이라 생각하였기 때문이다.

— 삼국유사 —

① 원칙과 목적 달성은 동전의 양면 같은 불가분성이 있다.
② 목적 달성을 위해서는 원칙은 꼭 지켜져야 한다.
③ 원칙은 목적을 위한 하나의 수단이므로 경우에 따라 조정될 수 있다.
④ 목적과 수단은 별개로 나누어 생각할 수 없다.

정답해설 목적 달성과 원칙이라는 수단의 관계를 생각하고, 추구하고자 하는 바가 근본적으로 무엇인가를 파악한다.

03

이러한 의미에서 민족문화의 전통을 무시한다는 것은 지나친 자기학대(自己虐待)에서 나오는 편견에 지나지 않을 것이다. 따라서 첫머리에서 제기한 것과 같이 민족문화의 전통을 계승하자는 것이 국수주의(國粹主義)나 배타주의(排他主義)가 될 수는 없다. 오히려 왕성한 창조적 정신은 선진 문화 섭취에 인색하지 않을 것이다. 다만, 새로운 민족문화의 창조가 단순한 과거의 묵수(墨守)가 아닌 것과 마찬가지로 단순한 외래문화의 모방도 아닐 것임은 스스로 명백한 일이다. 외래문화도 새로운 문화의 창조에 이바지함으로써 비로소 민족문화의 전통을 더욱 빛낼 수가 있는 것이다.

① 외래문화 수용의 부당성
② 외래문화 수용의 정당성
③ 민족문화 전통 계승의 의의
④ 민족문화 전통 계승의 부당성

정답해설 주어진 제시문은 논설문 '민족문화의 전통과 계승'의 결론 부분이다. 전통에 대한 올바른 인식과 전통 계승의 의의에 대해서 이야기하고 있다.

04

1970년대는 1960년대부터 추진해 온 경제 개발이 본 궤도에 오르며, 우리나라가 근대 공업국으로서의 위치를 확고하게 다진 시대이다. 과학기술의 발달과 더불어 시작된 근대화·산업화는 본래 물질적 풍요를 통해 인간 생활을 보다 윤택하고 편리하게 만들려는 의도로 추진되었다. 이로 인해 생산성이 높은 공업 발전이 정책의 중심이 되었고, 생산성이 낮은 분야는 희생을 강요받기에 이르렀다. 그래서 경제 발전과 소득 수순의 증대라는 긍정적 결과도 있었지만, 그에 못지않은 부정적 측면도 부각되었다. 이것이 지금까지도 사회 문제의 핵심을 이루고 있다.

① 산업화의 양면성
② 경제 개발과 자연환경 파괴
③ 도시 인구증가에 따른 농촌의 피폐화
④ 소득의 증대에 따른 농촌의 경제적 풍요

정답해설 1970년대의 산업화 위주 정책이 가져온 부정적인 측면을 부각한 것이 제시문의 핵심이다.

이 문제 중요!
05

집단 이기주의는 이 사회에 너무나 만연해서 우리가 법의 지배를 받는 나라에 살고 있는게 맞는지 의구심이 들게 한다. 그 어떤 사람도 자신의 이익을 채우려는 불법적이고 급진적인 거리 시위를 위해 교통을 막고 시민들의 생활에 불편을 일으키거나 해를 입힐 권리는 없다. 그러나 정당하고 엄격한 법의 집행은 부정적인 사회조류를 막는 것에만 그칠 수 있고 법을 묵묵히 따르는 시민 정신을 손상시킬 수 있다. 정부 당국이 그들의 정책을 대중에 투명하게 공개하고 지지를 얻어내야 하는 것은 말할 필요도 없다. 인정받지 않은 어떠한 집단적인 행동도 사회질서와 정의 확립을 위해 법에 근거해서 엄격하게 다루어져야 한다.

① 정의의 확립
② 집단 이기주의의 원인
③ 사회에 만연한 집단 이기주의
④ 법으로 엄격히 다루어야 할 집단 이기주의

정답해설 집단 이기주의를 비판하며, 이러한 집단행동을 법으로 엄격하게 다루어야 한다고 주장하고 있다.

06

지난 20여 년 동안 급격히 발전해 온 뇌 영상 기술은 인간에게 뇌에 대한 풍부한 정보를 제공해 주었을 뿐만 아니라 뇌출혈, 뇌경색, 뇌종양 등 그간 속수무책이었던 질병의 치료를 가능하게 해 주었다. 또 인지과학이나 심리학의 영역에서는 최근의 뇌 영상 기술이 전통적인 방법보다 인간의 마음과 행동을 이해하는 좀 더 정확한 방법으로 인정되고 있다. 인간 행동에 대한 일반적인 담론이나 추측과 달리 뇌 과학 지식이 인간의 마음과 행동을 과학적이고 정확하게 설명한다는 인식이 확산되고 있다. 의료 분야의 성과가 인간에 관한 과학적 연구의 획기적인 발전에까지 영향을 미치고 있음을 알 수 있다.

① 뇌 영상 기술의 의의와 발전
② 다양한 뇌 영상 기술의 등장
③ 뇌 영상 기술의 종류별 특징
④ 뇌 영상 기술의 장단점

정답해설 최근 급격하게 발전한 뇌 영상 기술이 의료 분야에서 성과를 거두고 있으며, 인간의 마음을 설명하는 단계로까지 나아가고 있다고 설명하고 있다.

오답해설 ②, ③ 구체적인 뇌 영상 기술의 종류를 제시하고 있지 않다.

07

> 고대 그리스인들은 경험에 의존하지 않고 논리적 추론을 통해 기하학 명제들을 증명하는 방법을 고안하였다. 먼저 이등변삼각형의 한 꼭짓점에서 대응변으로 각의 이등분선을 그어 두 개의 삼각형을 만든다. 이렇게 만들어진 두 삼각형은 두 변과 사이의 각이 같으므로 합동인 삼각형이다. 합동인 두 삼각형은 대응하는 각의 크기가 같으므로 이등변삼각형의 두 밑각의 크기는 같다. 이와 같은 방법은 '그냥 보는 것'이나 '접어보는 것'과 같은 경험에 의존하지 않고 논리적 추론을 통해 명제가 성립함을 설명하는 것이다.

① 고대 그리스에서 시작되고 발전한 학문인 기하학
② 경험을 통해 알게 된 사실을 굳게 믿은 고대 그리스인들
③ 논리적 추론의 유일한 근거가 되는 직접 보고 경험한 사실
④ 논리적 추론을 통해 기하학 명제들을 증명하고자 한 고대 그리스인들

정답해설 주제문이 가장 첫 문장에 제시되어 있다. 고대 그리스인들은 단순히 경험으로 아는 것이 아니라 논리적 추론을 통해 그 성질이 성립한다는 것을 증명하려고 하였다는 것을 이등변삼각형의 밑각의 크기가 동일하다는 명제를 밝히는 과정을 통해 나타내고 있다.

08

알프레드 스티글리츠(Alfred Stieglitz)가 사진 분리파 운동을 주도한 것은 근대 문명이 도래하기 시작한 20세기 무렵이었다. 그는 기차, 증기선, 비행기 등 근대 문명이 도래하던 시점에 과거의 풍경화나 종교화 등을 재현하기 위해 사진을 합성·인화하고 의도적으로 렌즈를 조작했던 회화주의 사진을 더 이상 따르지 않고 사진의 정밀하고 정확한 기계적 속성을 회복하고자 했다. 이러한 역사적 전환은 스티글리츠의 '스트레이트 포토(Straight Photo)'를 통해 이루어졌다. 스트레이트 포토가 사진의 과학적 속성이 예술적 표현에 방해가 되기는커녕 오히려 대상을 사실적으로 표현함으로써 새롭게 현실을 드러내려는 예술적 노력임을 주장한 것이다.

① 회화에 종속되는 사진 장르의 예술적 지위 확보
② 사진을 합성·인화하고 의도적으로 렌즈를 조작하는 표현 방식을 사용한 스트레이트 포토
③ 사진의 과학적 속성이 예술적 표현의 방해 요소라고 부정한 스트레이트 포토
④ 사진의 과학적 속성 회복이 현실을 새롭게 드러내려는 예술적 노력이라고 보았던 스티글리츠

> 제시문을 통해 알프레드 스티글리츠가 스트레이트 포토를 통해 사진 본래의 기계적 속성을 회복하여 독자적인 예술적 위치를 확보하려 했음을 알 수 있다.

09

진화론자는 어떠한 한 종에 대해 과거의 진화적 내용을 증명하거나 앞으로의 진화를 예견할 수 없고 단지 어떤 사실을 해석하거나 이에 대하여 이야기를 만들 뿐이다. 왜냐하면 과거 일회성의 사건은 반복되거나 실험적으로 검증할 수 없고 예견은 검증된 사실로부터 가능하기 때문이다. 이러한 관점에서 보면 진화론자와 역사학자는 닮은 점이 있다. 그러나 진화론자는 역사학자보다는 상당히 많은 과학적 이점을 가지고 있다. 즉, 상호 연관성을 가진 생물학적 법칙, 객관적 증거인 상동 기관, 일반적인 과학의 법칙 등으로부터 체계를 세울 수 있다. 상동 기관은 다양한 생물이 전혀 별개로 형성되었다기보다는 하나의 조상으로부터 출발하였다는 가설을 뒷받침하는 좋은 증거이기 때문이다. 진화론은 생물의 속성에 대해 일반적으로 예견할 수 있지만, 아직까지 진화론에는 물리학에 견줄 수 있는 법칙이 정립되어 있지 않다. 이것은 진화론이 해결할 수 없는 본질적인 특성에 기인한다.

① 생물의 속성에 대해 일반적으로 예견할 수 있는 진화론이 과학으로서 인정을 받기 위해서는 법칙의 정립의 시급
② 인문 과학의 속성과 자연 과학의 속성을 모두 지닌 진화론
③ 어떠한 한 종에 대한 과거의 진화적 사실을 검증함으로써 진화 현상에 대한 예측을 가능하게 하는 진화론
④ 객관적 증거들을 이용하여 생명 현상의 법칙을 세운 진화론

> **정답해설** 진화론자와 역사학자의 닮은 점을 설명하고 진화론자가 역사학자에 비해 가지는 과학적 이점을 설명하는 글로, 전반부에서는 진화론의 인문 과학적인 속성을, 후반부에서는 진화론의 자연 과학적 속성을 설명하고 있다.

10

　　말은 그 겨레의 삶의 역사 속에서 자라난, 정신적인 깊이를 간직하고 있을 뿐만 아니라 미래를 형성할 수 있는 가능성을 열어준다. 말은 그 자체가 고정적인 하나의 의미를 가진 것이 아니고 사용하는 데 따라서 새로운 의미를 갖는다. 또한 철학적인 의미를 표현하는 말들도 곧 통속적인 유행말로 굳어져 그 생동성과 깊이를 잃어버리고 의미가 변질될 수도 있다. 그러므로 철학자는 알맞은 말의 발견을 통해서 큰 즐거움을 맛보기도 하지만 말의 경화와 의미 상실을 통해서 큰 고통을 경험하기도 한다. 그런데 철학적인 표현뿐만 아니라 모든 언어생활에 있어서 이러한 경화와 의미 상실을 완전히 회피할 수는 없다는 데 말의 숙명이 있다. 따라서 우리는 말을 중요하게 다루지 않을 수 없지만, 그것은 또한 언제나 이른바 '말장난'으로 타락할 수도 있다는 것을 알아야 한다. 이것을 막기 위해 우리는 말을 위한 말에 관심을 가질 것이 아니라, 말을 통하지 않고는 드러날 수도 없고 파악될 수도 없는 현실, 그러나 또한 굳은 말의 틀 안에만 머물러 있을 수 없는 현실에 관심을 가지면서 말을 다루어야 한다.

① 생동적 힘에 의해 철학적 의미가 거듭해서 밝혀지게 되는 말
② 생동성과 깊이를 잃어버리지 않는 철학적인 의미를 표현하는 말들
③ 현실을 묘사할 뿐만 아니라 우리의 역사적인 삶을 창조하기도 하는 말
④ 말의 창조적인 힘을 충분히 발휘시킬 수 있는 현실 안에서 말의 생동성을 살리는 것의 필요성

> **정답해설** 제시문은 말을 통해서만 드러나고 파악할 수 있는 현실, 틀 안에 머무르지 않는 현실에 관심을 가지고 말을 다루어야 말이 통속적으로 굳어버리거나, 의미가 변질·상실되는 것을 막을 수 있다고 주장하고 있다. 즉, 말이 생동감과 깊이를 잃지 않는 방안에 대해 언급하고 있음을 알 수 있다.

소요시간		채점결과	
목표시간	5분 50초	총 문항수	10문항
실제 소요시간	(　)분(　)초	맞은 문항 수	(　)문항
초과시간	(　)분(　)초	틀린 문항 수	(　)문항

정답 09 ② | 10 ④

3일 벼락치기 KT그룹 종합인적성검사

기출유형분석

문제풀이 시간 : 35초

▶ 다음 글을 읽고 내용과 일치하는 것을 고르시오.

전 세계에서 쉽게 입고 버리는 이른바 '패스트 패션'이 갈수록 대중화됨으로써 환경에 또 다른 부담으로 작용하고 있다고 케임브리지대 보고서가 밝혔다. 티셔츠와 스웨터 값이 어떤 경우 샌드위치보다 더 싸게 판매되면서 패스트 패션이 환경에 미치는 악영향이 패스트 푸드 못지않게 심각해지고 있다고 경고했다. 또한 미국의 유통체인들이 패스트 패션 매출을 높이는 데 큰 영향을 끼치며 환경에 더욱 부담을 주고 있어 제조업체와 유통회사, 그리고 소비자 모두 의류가 환경에 미치는 영향에 관심을 가져야 한다고 촉구했다.

보고서는 한 예로 면과 화학섬유 의류를 비교하면서 면이 화학섬유에 비해 생산 단계에서 원가가 덜 들지 모르나 이후 세탁이나 다리미질 등 관리비용까지 감안하면 장기적으로 면제품이 환경에 더 많은 부담을 준다는 점을 인식해야 한다고 강조했다.

이런 점에서 도서관이 책을 빌려주고 반납받듯이 옷도 리스한 후 제조사나 유통점에서 회수하는 방안을 대중화하는 것이 바람직하다고 보고서는 제안했다. 그러면서 값비싼 웨딩드레스나 턱시도가 이런 식으로 거래되는 경우가 다반사임을 상기시켰다.

① 패스트 패션이 패스트 푸드보다 더 환경에 부담을 주고 있다.
② 면이 화학섬유보다 더 환경에 부담을 준다.
③ 미국의 유통체인들이 패스트 패션 매출을 줄이고 있다.
④ 리스한 옷을 제조사나 유통점에서 회수할 계획이다.

정답해설
② 면이 화학섬유보다 더 환경에 부담을 준다는 것은 제시문과 일치한다.

오답해설
① 패스트 패션이 패스트 푸드보다 더 환경에 부담을 주고 있다는 것은 옳은지 그른지 알 수 없다. 어느 쪽이 더 환경에 부담을 준다는 내용은 제시문에 없다.
③ 미국의 유통체인들이 패스트 패션 매출을 줄이고 있다는 것은 제시문과 일치하지 않는다. 미국의 유통체인들은 패스트 패션의 매출을 높이고 있다.
④ 리스한 옷을 제조사나 유통점에서 회수할 계획이라는 것은 옳은지 그른지 알 수 없다. 옷을 회수하는 것은 보고서에서 제안한 방안이다.

정답 ②

[01~10] 다음 글을 읽고 내용과 일치하는 것을 고르시오.

총 문항 수 : 10문항 | 총 문제풀이 시간 : 5분 50초 | 문항당 문제풀이 시간 : 35초

01

우리는 처음 만난 사람의 외모를 보고, 그를 어떤 방식으로 대우해야 할지를 결정할 때가 많다. 그가 여자인지 남자인지, 얼굴색이 흰지 검은지, 나이가 많은지 적은지 혹은 그의 스타일이 조금 상류층의 모습을 띠고 있는지 아니면 너무나 흔해서 별 특징이 드러나 보이지 않는 외모를 하고 있는지 등을 통해 그들과 나의 차이를 재빨리 감지한다. 일단 감지가 되면 우리는 둘 사이의 지위 차이를 인식하고 우리가 알고 있는 방식으로 그를 대하게 된다. 한 개인이 특정 집단에 속한다는 것은 단순히 다른 집단의 사람과 다르다는 것뿐만 아니라, 그 집단이 다른 집단보다는 지위가 높거나 우월하다는 믿음을 갖게 한다. 모든 인간은 평등하다는 우리의 신념에도 불구하고 왜 인간들 사이의 이러한 위계화(位階化)를 당연한 것으로 받아들일까? 위계화란 특정 부류의 사람들은 자원과 권력을 소유하고 다른 부류의 사람들은 낮은 사회적 지위를 갖게 되는 사회적이며 문화적인 체계이다.

① 우리는 둘 사이의 차이를 인식하고 상대방을 대한다.
② 우리는 처음 만난 사람의 겉모습을 보고 좋은 사람인지 나쁜 사람인지 판단한다.
③ 산업 사회에서의 불평등은 계층과 계급의 차이를 통해서 정당화된다.
④ 내가 소속된 집단 외의 다른 집단이 우월하다는 믿음을 갖게 된다.

정답해설 제시문의 내용과 일치하는 것은 ①이다.

오답해설
② 우리는 대부분 처음 만난 사람의 겉모습을 보고 그를 어떤 방식으로 대할지 결정한다.
③ 보기 글이 옳은지 그른지 제시문만으로 알 수 없다.
④ 한 개이이 특정 집단에 속한다는 것은 그 집단이 다른 집단보다 지위가 높거나 우월하다는 믿음을 갖게 한다.

정답 01 ①

02 이 문제 중요!

　피를 더럽히는 주범은 쓸모없이 많은 영양분들인데 그중에서 나쁜 콜레스테롤, 중성지방이 대표적이다. 한방에서는 이렇게 순환되지 않고 죽은 피를 어혈로 본다. 건강의 암적인 요소인 어혈을 약물을 쓰지 않고 몸 밖으로 뽑아내 혈액순환을 원활하게 하는 한의학적 침법에는 금진옥액요법, 두피침요법, 어혈침요법, 청비침요법이 있다. 금진옥액요법은 혀 아래 정맥에서 상당히 많은 양의 어혈을 제거할 수 있으며 혈액순환장애로 오는 각종 질병에 특효이다. 시술한 부위에서 실타래 같은 섬유소가 많이 나오고 피가 탁할수록 어혈이 많은 상태라고 본다. 두피침요법은 두피를 침으로 가볍게 수십 차례 두드려 호흡법을 통해 두피 속의 죽은피를 흐르게 하는 사혈요법이다. 시술 즉시 눈이 맑아지며 어지럽고 머리가 아픈 데 특효이다. 어혈침요법은 팔다리에 고여 있는 어혈을 침으로 정해진 혈자리를 자극하여 탁한 피를 출혈시키는 방법이다. 손발이 붓고 차고 저린 데 탁월한 효과가 있다. 청비침요법은 콧속의 어혈을 빼내는 것으로 코가 막혀 있을 때 부어 있는 비강 내 점막을 빠르게 가라앉혀 숨 쉬기 편하게 하고 편두통 및 이마, 눈 쪽으로 통증이 있는 경우에도 효과가 빠르다.

① 금진옥액요법은 제거할 수 있는 어혈량이 가장 많은 침법이다.
② 손발이 붓고 차가울 때는 어혈침요법으로 시술한다.
③ 두피침요법은 두피의 혈자리를 자극하여 탁한 피를 출혈시키는 침법이다.
④ 청비침요법은 콧속의 어혈을 빼내는 것으로 편두통 치료와는 관계없다.

정답해설 어혈침요법은 손발이 붓고 차고 저린 데 탁월한 효과가 있다고 나와있다.

오답해설
① 몸 밖으로 뽑아낼 수 있는 어혈량의 침법별 비교에 대한 내용은 지문에 없다.
③ 두피침요법은 호흡을 통해 두피 속의 죽은피를 흐르게 하는 침법이다.
④ 청비침요법은 편두통 및 이마, 눈 쪽으로 통증이 있는 경우에도 효과가 빠르다.

03

1950년대 이후 부국이 빈국에 재정 지원을 하는 개발 원조 계획이 점차 시행되었다. 하지만 그 결과는 그리 좋지 못했다. 부국이 개발 협력에 배정하는 액수는 수혜국의 필요가 아니라 공여국의 재량에 따라 결정되었고, 개발 지원의 효과는 보잘것없었다. 원조에도 불구하고 빈국은 대부분 더욱 가난해졌다. 개발 원조를 받았어도 라틴 아메리카와 아프리카의 많은 나라들이 부채에 시달리고 있다.

공여국과 수혜국 간에는 문화 차이가 있기 마련이다. 공여국은 개인주의적 문화가 강한 반면, 수혜국은 집단주의적 문화가 강하다. 공여국 쪽에서는 실제 도움이 절실한 개인들에게 우선적으로 혜택이 가기를 원하지만, 수혜국 쪽에서는 자국의 경제 개발에 필요한 부문에 개발 원조를 우선 지원하려고 한다.

개발 협력의 성과는 두 사회 구성원의 문화 간 상호 이해 정도에 따라 결정된다는 것이 최근 분명해졌다. 자국민 말고는 어느 누구도 그 나라를 효율적으로 개발할 수 없다. 그러므로 외국 전문가는 현지 맥락을 고려하여 자신의 기술과 지식을 이전해야 한다. 원조 내용도 수혜국에서 느끼는 필요와 우선순위에 부합해야 효과적이다. 이 일은 문화 간 이해와 원활한 의사소통을 필요로 한다.

① 공여국은 수혜국의 문화 부문에 원조의 혜택이 돌아가기를 원한다.
② 수혜국은 자국의 빈민에게 원조의 혜택이 우선적으로 돌아가기를 원한다.
③ 수혜국의 집단주의적 경향은 공여국의 개발 원조 참여를 저조하게 만든다.
④ 공여국과 수혜국이 생각하는 지원의 우선순위는 일치하지 않는다.

정답해설 공여국은 실제 도움이 절실한 개인에게 우선적으로 혜택이 돌아가기를 바라지만, 수혜국에서는 자국의 경제 개발에 필요한 부문에 우선적으로 지원하고자 하므로 서로 입장 차이를 보인다.

오답해설
① 공여국은 개인들에게 우선적으로 원조의 혜택이 돌아가기를 원한다.
② 수혜국은 자국 경제 개발에 필요한 부문에 우선적으로 원조의 혜택이 돌아가기를 원한다.
③ 수혜국의 집단주의적 경향은 언급되었으나, 공여국의 개발 원조 계획 참여가 저조한 것과의 연관성은 언급되지 않았다.

04

경제학은 인간의 합리성을 가정하나 동물 근성도 잘 감안하지 않으면 안 된다. 인간은 쉽사리 감정적이 되며, 경제 사회가 불안할수록 동물 근성이 잘 발동된다. 이런 의미에서도 경제 안정은 근본 문제가 된다. 그리고 경제는 이러한 인간의 경제 행위를 바탕으로 하므로 그 예측이 어렵다. 예를 들어 일기 예보의 경우에는 내일의 일기를 오늘 예보하더라도 일기가 예보 자체의 영향을 받지 않는다. 그러나 경기 예측의 경우에는 다르다. 예를 들어 정부가 경기 침체를 예고하면 많은 사람들은 이에 대비하여 행동을 하고, 반대로 경기 회복을 예고하면 또한 그에 따라 행동하기 때문에 경기 예측 그 자체가 경기 변동에 영향을 미친다. 따라서 예측이 어느 정도 빗나가는 것이 보통이다. '될 것이다.' 또는 '안 될 것이다.'와 같은 예측은 이른바 '자기실현적 예언'이 될 소지가 크다.

① 일기 예보는 날씨 변화에 영향을 주기 쉽다.
② 경기 예측은 사람들의 행동에 영향을 미친다.
③ 경기 예측과 실제 경기 변동은 아무런 상관이 없다.
④ 인간 행동의 변화를 통해 경기 예측이 가능하다.

정답해설 경기 침체를 예고하면 많은 사람들은 이에 대비하여 행동을 하고, 반대로 경기 회복을 예고하면 또한 그에 따라 행동하기 때문에 경기 예측은 사람들의 행동에 영향을 미친다.

오답해설
① 내일의 일기를 오늘 예보하더라도 일기가 예보의 영향으로 바뀌는 것은 아니다.
③ 경기 예측이 사람들의 행동에 영향을 미치므로 경기 변동에도 영향을 미친다. 따라서 아무런 상관이 없는 것은 아니다.
④ 경기 예측에 따라 사람들의 행동이 변화하는 것이며, 이러한 사람들의 행동이 경기 변동에 영향을 미치므로, 예측이 빗나갈 수도 있다.

05

우리는 모두 오류를 범하는 경향이 있으며, 국민이든 인간이라는 존재로 구성된 어떤 집단이든 이 점에서는 마찬가지이다. 내가 국민이 그 정부를 제거할 수 있어야 한다는 이념을 지지하는 이유는 단 한 가지다. 독재 정권을 피하는 데 이보다 더 좋은 길을 나는 알지 못하기 때문이다. 국민 법정(popular tribunal)으로서 이해되는 민주주의―내가 지지하는 민주주의―조차도 결코 오류가 없을 수는 없다. 윈스턴 처칠이 반어적으로 표현한 익살은 이런 사태에 꼭 들어맞는다.

'민주주의는 최악의 정부형태이다. 물론 다른 모든 정부의 형태를 제외하고'

여기서 잠깐 정리를 하면, 국민주권으로서의 민주주의 이념과 국민의 심판대로서의 민주주의, 또는 제거할 수 없는 정부(다시 말해서, 독재 정권)를 피하는 수단으로서의 민주주의 이념 사이에는 단순히 언어적인 차이만이 있는 것이 아니다. 그 차이는 실제적으로 커다란 함의를 갖는다.

이를테면, 스위스에서도 그것은 매우 중요하다. 교육체계에서 초등학교와 중·고등학교에서는 독재 정권을 피할 필요성을 주장하는 좀 더 신중하고 현실적인 이론 대신에 해롭고 이데올로기적인 국민주권이론을 찬양하고 있는 것으로 안다. 나는 독재 정권은 참을 수 없고 도덕적으로 옹호될 수 없는 것으로 여긴다.

① 국민주권이론에 비해 민주주의에 오류가 더 많다.
② 민주주의는 이념이 아닌, 현실의 시각에서 볼 때 최악의 정부 형태이다.
③ 민주주의는 독재 정권을 방지하는 데 가장 큰 의미를 갖는다.
④ 민주주의 이념 아래에서 국민들은 가장 합리적인 선택을 할 수 있다.

정답해설 제시문에 언급된 '국민이 그 정부를 제거할 수 있어야 한다는 이념'은 민주주의를 뜻하며, 필자는 독재 정권을 피하는 데 이보다 더 좋은 길을 알지 못한다고 했다.

오답해설 ①, ② 보기 글은 제시문과 일치하지 않는다.
④ 어떤 집단이든 오류를 범하는 경향이 있으며 민주주의도 결코 오류가 없을 수는 없다.

06

국내 총생산은 한 나라의 경제 활동 수준을 나타내는 중요한 지표이긴 하지만, 실생활을 반영하지 못하는 성격을 갖고 있다. 시장 가격이 형성되지 않았거나, 시장 밖에서 거래되는 재화나 서비스들이 있기 때문이다. 이 때문에 실제 느끼는 생활수준과 차이가 생긴다. 대표적인 것이 주부의 가사노동이다. 주부가 집에서 빨래하고 밥하고 청소하고 아이를 키우는 것은 국내 총생산에 포함되지 않는다. 시장 가치를 매길 수 없기 때문이다. 반면에 옷을 세탁소에 맡기고 외식을 하고, 놀이방에 아이를 보내는 것은 국내 총생산에 포함된다. 또한, 시장 밖에서 이루어지는 음성적 거래를 뜻하는 지하 경제도 국내 총생산에 포함되지 않는다. 게다가 환경오염 발생이나, 범죄, 교통사고와 같이 오히려 국민의 삶의 질을 떨어뜨리는 행위가 국내 총생산을 증가시키는 결과를 빚을 수도 있다.

① 국내 총생산은 국민들의 실제 생활수준을 반영한다.
② 삶의 질을 높이는 요소만이 국내 총생산으로 포함된다.
③ 주부의 가사노동은 국내 총생산에 포함된다.
④ 세탁소, 레스토랑, 놀이방 등은 시장 가격이 형성된 서비스이다.

> **정답해설** 주부가 집에서 하는 가사노동은 시장 가격이 형성되지 않으므로 국내 총생산에 포함되지 못하지만, 가사노동이 사회화 된 형태인 세탁소, 외식, 놀이방 등은 시장 가격이 형성되어 시장 가치를 매길 수 있으므로 국내 총생산에 포함된다.

07

VDT는 각종 정보기기에 장착된 디스플레이 장치를 말한다. VDT증후군이란 컴퓨터 모니터 등 VDT를 보면서 장시간 작업을 하고 난 뒤 생기는 안 증상과 근골격계 증상, 피부 증상, 정신신경계 증상을 통칭하여 말한다. 오랜 시간 같은 자세로 컴퓨터 화면을 보면서 키보드를 치는 VDT작업은 빠른 사고와 판단, 집중을 요한다.

이 같은 특성 때문에 컴퓨터 작업에 몰두할 때는 눈이 피로해지거나 침침해지며 눈이 아프거나 시력이 떨어지는 등의 여러 증세와 머리가 아프거나 무거워지는 증세, 그리고 구토와 불안감 등 전신에 걸친 증상이 나타난다. 이를 방지하기 위해 작업자는 정기적인 시력·안위(眼位)·안내압(眼內壓)측정 등의 검진을 받아야 하고, 일정 시간의 작업을 하고 나서는 휴식을 취해야 한다.

① 컴퓨터 작업을 하는 많은 직장인들이 VDT증후군에 시달리고 있다.
② VDT증후군이 발생하면 시력이 떨어진다.
③ 안과에서 정기적으로 검진을 받는 것은 VDT증후군 예방과는 관련 없다.
④ VDT증후군의 증상을 다섯 가지로 분류할 수 있다.

정답해설 VDT증후군이 발생하면 시력이 떨어진다는 것은 제시문과 일치한다. VDT작업은 빠른 사고와 판단, 집중을 요하므로 이 같은 특성 때문에 눈이 피로해지거나 침침해지며 눈이 아프거나 시력이 떨어지는 등의 여러 증세와 머리가 아프거나 무거워지는 증세, 그리고 구토와 불안감 등 전신에 걸친 증상이 나타난다.

오답해설
① 컴퓨터 작업을 하는 많은 직장인들이 VDT증후군에 시달리고 있다는 것이 옳은지는 제시문만으로 알 수 없다.
③ 안과에서 정기적으로 검진을 받는 것이 VDT증후군 예방과는 관련없다는 것은 제시문과 일치하지 않는다. VDT증후군을 예방하기 위해 안과에서 정기적으로 검진을 받아야 한다.
④ VDT증후군의 증상을 다섯 가지로 분류할 수 있다는 것은 제시문과 일치하지 않는다. VDT증후군이란 컴퓨터 모니터 등 VDT를 보면서 장시간 작업을 하고 난 뒤 생기는 안 증상과 근골격계 증상, 피부 증상, 정신신경계 증상의 네 가지가 있다.

정답 06 ④ | 07 ②

08

듀이 십진분류법(DDC)은 현재 세계에서 가장 많이 사용되는 분류표로서 우리나라의 많은 도서관 역시 이 방법을 도입하고 있다. 이 분류표가 널리 사용되고 있는 이유는 장점이 많기 때문일 것이다. 그러나 DDC는 단점 또한 적지 않다. 그 중에서 가장 큰 문제점의 하나는 이 분류표가 기독교와 앵글로색슨 문화권에 편향되어 있어서 그 이외의 국가에서 사용하는 데 불편하다는 점이다. 특히 DDC의 종교류(200)는 10개의 항목 중에서 220~280까지 7개를 기독교에 배정하여 기독교 중심성을 여실히 보여주고 있다. 한편 이와 같은 비판에 따라, DDC의 종교류에서는 기독교 이외의 종교를 강조하고자 할 때 특별히 강조하고자 하는 특정 종교에 우위를 둘 수 있도록 하는 임의규정들을 마련하고 있다. 그러나 기본적으로 이 임의규정들은 모두 하나의 종교만이 중요시되는 경우에 대비한 것이다. 그러므로 어떤 특정의 국교(國敎)가 있거나 국민의 대다수가 한 종류의 종교만을 가진 국가, 그리하여 한 종교의 자료가 도서관 장서의 대부분을 차지하는 국가의 경우에는 아주 유익하게 활용될 수 있을 것이다. 그러나 한국과 같이, 다수의 종교가 다양하게 존재하는 국가의 경우는 이 임의규정이 크게 도움이 되지 못한다. 따라서 국내의 많은 도서관에서는 자체적으로 DDC 종교류를 재전개하여 사용하는 사례가 많이 나타나고 있다. 또한 여러 종교가 공존하는 나라들이 적지 않다는 점에서 이와 같은 문제는 우리나라만의 문제는 아닐 것이다.

① 듀이 십진분류법(DDC)는 장점만 있는, 현재 세계에서 가장 많이 사용되는 분류표이다.
② DDC의 종교류에서 기독교 이외의 종교를 강조하고자 할 때 특별히 강조하고자 하는 특정 종교에 우위를 둘 수 있도록 하는 임의규정들을 마련하고 있지 않다.
③ 한국과 같이, 다수의 종교가 다양하게 존재하는 국가의 경우는 이 임의규정이 크게 도움이 된다.
④ 국내의 많은 도서관에서는 자체적으로 DDC 종교류를 재전개하여 사용하는 사례가 많이 나타나고 있다.

정답해설 한국과 같이, 다수의 종교가 다양하게 존재하는 국가의 경우는 이 임의규정이 크게 도움이 되지 못해서 국내의 많은 도서관에서는 자체적으로 DDC 종교류를 재전개하여 사용하는 사례가 많이 나타나고 있다.

① DDC는 장점도 많지만 단점 또한 적지 않다고 나와 있다.
② 'DDC의 종교류에서 기독교 이외의 종교를 강조하고자 할 때 특별히 강조하고자 하는 특정 종교에 우위를 둘 수 있도록 하는 임의규정들을 마련하고 있다.'고 제시되어 있다.
③ '한국과 같이, 다수의 종교가 다양하게 존재하는 국가의 경우는 이 임의규정이 크게 도움이 되지 못한다.'고 나와 있다.

09

권력관계와 그것을 기반으로 하는 사회질서가 생산, 지각, 경험되는 일상생활의 장을 '아비투스(habitus)'라 부른다. 아비투스는 자연스러운 사회적 실천을 추종하는 배경인 동시에 개인이 경험하는 사회화의 상호작용의 축적이라고 할 수 있다. 아비투스는 몸, 몸에 대한 사고, 몸짓, 행동양식, 자세 등을 형성한다. 몸은 아비투스를 표현하는 매체일 뿐만 아니라 사회적 경험의 집적체로서 아비투스를 구성하는 요소이기도 하다. 아비투스는 사회질서에 어울리는 방식으로 행동할 수 있는 능력과 감각을 개인에게 부여하고, 사회적 필요에서 생긴 행위를 자연스러운 몸의 반응으로 전환시킨다. 흔히 자세나 표정, 감정, 취향 등에서 남성적이거나 여성적인 것으로 여겨지는 많은 요소들은 계급질서나 성적 위계질서 등 결코 자연스럽지 않은 관계를 '자연스럽게' 경험하도록 만드는 것들이다. 이른바 상식이라는 이름하에 기존의 세계를 이미 주어진 당연한 것으로 받아들이는 것은, 제도화된 이념들에 의해 고착된 의식작용보다는 몸의 차원에서 일어난다.

① 아비투스는 개인이 경험하는 사회화의 상호작용의 축적은 아니다.
② 몸은 사회적 경험의 집적체로서 아비투스를 구성하는 요소이기도 하다.
③ 아비투스는 사회질서에 어울리는 방식으로 행동할 수 있는 능력과 감각을 개인에게 부여하지 않는다.
④ 아비투스는 개인적 미적 감각을 형성한다.

몸은 아비투스를 표현하는 매체일 뿐만 아니라 사회적 경험의 집적체로서 아비투스를 구성하는 요소이기도 하다.

정답 08 ④ | 09 ②

오답해설

① 개인이 경험하는 사회화의 상호작용의 축적이라고 할 수 있다.
③ 아비투스는 사회질서에 어울리는 방식으로 행동할 수 있는 능력과 감각을 개인에게 부여한다.
④ 아비투스가 개인적 미적 감각을 형성한다는 내용은 제시문에 나와 있지 않다. 아비투스는 몸, 몸에 대한 사고, 몸짓, 행동양식, 자세 등을 형성한다.

10

소셜 커머스란 소셜 네트워크 서비스(SNS)를 통하여 이루어지는 전자 상거래를 가리키는 말이다. 소셜 커머스는 상품의 구매를 원하는 사람들이 할인을 성사하기 위하여 공동 구매자를 모으는 과정에서 주로 SNS를 이용하는 데서 그 명칭이 유래되었다. 소셜 커머스는 2005년 야후의 장바구니 공유 서비스인 쇼퍼스피어(Shoposphere)같은 사이트를 통하여 처음 소개되었으며, 2008년 미국 시카고에서 설립된 온라인 할인 쿠폰 업체인 그루폰(Groupon)이 공동 구매형 소셜 커머스 사업 모델을 처음 만들어 성공을 거둔 이후 본격적으로 알려지기 시작하였다. 소셜 커머스 업체가 등록한 상품은 단위 품목당 보통 24시간 동안 판매가 이루어지고, 대개 50%에서 90%까지의 높은 할인율이 적용된다. 단 일정수 이상이 구매해야 한다는 조건이 붙는데 예를 들면 100명 이상이 구매할 경우 정가의 50%가 할인된다는 식이다. 주로 공연, 레스토랑, 카페, 미용 관련 소규모 사업자의 상품이 대량 판매되지만 레저, 패션, 가전제품, 식품 등의 상품들도 취급된다.

① 소셜 커머스란 오프라인을 통하여 이루어지는 전자 상거래를 가리키는 말이다.
② 소셜 커머스는 2008년 야후의 장바구니 공유 서비스인 쇼퍼스피어(Shoposphere)같은 사이트를 통하여 처음 소개되었다.
③ 소셜 커머스 업체가 등록한 상품은 대개는 50%까지의 할인율이 적용된다.
④ 소셜 커머스는 2008년, 그루폰(Groupon)이 공동 구매형 소셜 커머스 사업 모델을 처음 만들어 성공을 거둔 이후 본격적으로 알려지기 시작하였다.

정답해설 2008년 미국 시카고에서 설립된 온라인 할인 쿠폰 업체인 그루폰(Groupon)이 공동 구매형 소셜 커머스 사업 모델을 처음 만들어 성공을 거둔 이후 본격적으로 알려지기 시작하였다.

오답해설
① 소셜 커머스란 소셜 네트워크 서비스(SNS)를 통하여 이루어지는 전자 상거래를 가리키는 말이다.
② 소셜 커머스는 2005년 야후의 장바구니 공유 서비스인 쇼퍼스피어(Shoposphere)같은 사이트를 통하여 처음 소개되었다.
③ 소셜 커머스 업체가 등록한 상품은 50%에서 90%까지의 높은 할인율이 적용된다.

소요시간		채점결과	
목표시간	5분 50초	총 문항수	10문항
실제 소요시간	( )분 ( )초	맞은 문항 수	( )문항
초과시간	( )분 ( )초	틀린 문항 수	( )문항

정답 10 ④

기출유형분석

⏰ 문제풀이 시간 : 35초

▶ 다음 글을 읽고 내용과 일치하지 않는 것을 고르시오.

> 탁월성의 획득은 기예의 습득과 유사하다. 무엇을 만드는 법을 배우고자 하는 사람이 그것을 직접 만들어 봄으로써 익히듯이, 우리는 용감한 일을 행함으로써 용감한 사람이 된다. 또한 탁월성을 파괴하는 기원·원인들에 대해서도 탁월성이 생기는 기원·원인 들과 같은 방식으로 말할 수 있다. 집을 잘 지음으로써 좋은 건축가가, 잘못 지음으로써 나쁜 건축가가 된다. 성격적 탁월성의 경우도 이와 마찬가지이다. 다른 사람과 관련된 일들을 행하면서 어떤 사람은 정의로운 사람이 되고 어떤 사람은 정의롭지 못한 사람이 된다.
>
> 욕망이나 분노에 대해서도 사정은 유사하다. 어떤 사람은 절제 있는 사람이나 온화한 사람이 되지만, 어떤 사람은 무절제한 사람이나 성마른 사람이 된다. 양쪽 모두 자신이 처한 상황 속에서 어떤 방식으로 행동함으로써 그러한 사람이 된다.

① 기예의 습득과 탁월성의 습득은 그 과정상 유사하다.
② 절제 있고 온화한 사람은 그러한 행동을 취하는 사람이다.
③ 탁월성의 획득과 파괴의 기원은 같다.
④ 정의롭고 온화하며 절제 있는 본성을 지닌 사람이 성격적 탁월성을 가진 자이다.

> **정답 해설** 제시문에 따르면 성격적 탁월성의 기원·원인은 행동이다. 즉, 정의롭고 온화하며 절제 있는 사람이 되기 위해서는 그러한 본성을 갖는 것이 아니라 그러한 행동을 취해야 한다.
>
> **오답 해설** ③ 건축가를 예로 들면서, 탁월성을 파괴하는 기원·원인을 탁월성이 생기는 기원·원인과 같은 방식으로 말할 수 있다고 하였다.
>
> 정답 ④

[01~08] 다음 글을 읽고 내용과 일치하지 않는 것을 고르시오.

총 문항 수 : 8문항 | 총 문제풀이 시간 : 4분 40초 | 문항당 문제풀이 시간 : 35초

01

고대 그리스의 어떤 철학자는 눈, 우박, 얼음의 생성에 대해 다음과 같이 주장했다. 특정한 구름이 바람에 의해 강력하고 지속적으로 압축될 때 그 구름에 구멍이 있다면, 작은 물 입자들이 구멍을 통해 구름 밖으로 배출된다. 그리고 배출된 물은 하강하며 더 낮은 지역에 있는 구름 내부의 극심한 추위 때문에 동결되어 눈이 된다. 또는 습기를 포함하고 있는 구름들이 나란히 놓여서 서로를 압박할 때, 이를 통해 압축된 구름 속에서 물이 동결되어 배출되면서 눈이 된다. 우박은 구름이 물을 응고시키면서 만들어지는데, 이런 현상은 특히 봄에 빈번하게 발생한다.

얼음은 물에 있던 둥근 모양의 입자가 밀려나가고 이미 물 안에 있던 삼각형 모양의 입자들이 함께 결합하여 만들어진다. 또는 밖으로부터 들어온 삼각형 모양의 물 입자가 함께 결합하여 둥근 모양의 물 입자를 몰아내고 물을 응고시킬 수도 있다.

① 봄에는 구름이 물을 응고시키는 경우가 자주 발생한다.
② 물에는 둥근 모양의 입자뿐만 아니라 삼각형 모양의 입자도 있다.
③ 날씨가 추워지면 둥근 모양의 물 입자가 삼각형 모양의 물 입자로 변화한다.
④ 구름의 압축은 바람에 의해 발생하는 경우도 있고, 구름들의 압박에 의해 발생하는 경우도 있다.

> **정답해설** 삼각형 모양의 입자들이 결합하여 얼음이 생성된다는 내용은 있으나, 삼각형 모양의 입자들이 어떻게 생성되는지에 대해서는 언급되어 있지 않다. 얼음의 생성을 추운 날씨와 연관시킨다 해도, 물 안에 있던 둥근 모양의 입자는 밀려나가게 되므로 둥근 모양의 입자가 삼각형 모양의 입자로 변화한다는 내용을 추론할 수는 없다.

> **오답해설** ④ '특정한 구름이 바람에 의해 강력하고 지속적으로 압축될 때'라는 부분과 '습기를 포함하고 있는 구름들이 나란히 놓여서 서로를 압박할 때, 이를 통해 압축된 구름'이라는 부분을 통해 구름의 압축이 발생하는 원인을 알 수 있다.

정답 01 ③

02

천지자연의 소리가 있으면 반드시 천지자연의 글이 있게 된다. 옛날 사람은 소리에 근거하여 글자를 만듦으로써 만물의 실정이 소통하도록 하고 천·지·인의 도리를 기록하게 하였다. 이는 뒷세상에서 변경할 수 없는 일이다. 그런데 사방의 풍토는 서로 다르고, 이에 따라 소리 역시 서로 다르기 마련이다. 대개 중국 밖 나라들의 말은 그 소리가 있어도 글자가 없으므로 중국의 문자를 빌려서 일상생활에 사용하니, 이는 마치 둥근 막대를 네 모난 구멍에 끼워 넣을 때 잘 맞지 않는 것과 같다. 그러니 어찌 말이 막힘없이 잘 통할 수 있겠는가? 요컨대 모두 각자의 처지에 따라 편안하게 해야지, 억지로 같게 할 수는 없는 것이다. 우리나라의 예악과 문물은 중국과 비견되지만, 방언과 속말만은 중국과 다르다. 이에 따라 글을 배우는 사람은 그 뜻을 이해하기 어렵다고 근심하고, 옥사를 다스리는 사람은 그 자세한 사정을 소통하기 어렵다고 괴로워한다. 동방에 나라가 생긴 지 오래되었지만 문명을 개척하는 큰 지혜는 오늘날 넓게 펼쳐져 드러나야 할 것이다.

① 소리에 맞는 글자를 사용하면 말을 막힘없이 잘 통하게 할 수 있다.
② 중국의 글자를 빌려 소리를 표기하는 나라는 우리나라뿐이다.
③ 우리나라의 예악과 문물은 중국과 비견된다.
④ 옛날 사람은 소리에 근거하여 글자를 만들었다.

> 정답해설
> 중국 밖 나라들은 대개 소리가 있어도 글자가 없으므로 중국의 문자를 빌려 사용한다고 제시문에 나와 있다. 옛날 사람은 소리에 근거하여 글자를 만듦으로써 만물의 실정이 소통하도록 하고 천·지·인의 도리를 기록하게 하였다.

03

휴식이 주는 효과는 디폴트 네트워크(default network)로 설명될 수 있다. 이 영역은 우리 뇌가 소모하는 전체 에너지의 60~80%를 차지하는데, 뇌에서 안쪽 전두엽과 바깥쪽

두정엽이 이에 해당된다. 미국의 한 두뇌 연구가는 실험 참가자가 테스트 문제에 집중하면서 생각에 골몰하면 뇌의 특정 영역이 늘어나는 것이 아니라 줄어든다는 사실을 발견했다. 오히려 이 영역은 우리가 아무 생각도 하지 않을 때 늘어나기까지 했다.

한마디로 우리 뇌의 많은 부분은 정신적으로 아무 것도 하지 않을 때 그 활동을 강화하고 있는 셈이다. 디폴트 네트워크는 하루 일과 중에 긴장을 풀고 몽상을 즐길 때나 잠을 자는 동안 활발한 활동을 한다. 그러므로 정보가 유입되지 않는다 해서 우리 두뇌가 쉬는 것은 아니다.

정말로 '아무 생각 없음'이 반짝이는 아이디어를 만들어주는 것일까? 정답은 '아니다'이다. 아르키메데스도 문제에 골몰하던 중 목욕탕에서 휴식을 취하다가 아이디어가 생각났다. 여기서 중요한 것은 이미 문제에 대한 고민이 있었다는 사실이다. 다시 말해 문제에 대한 배경 지식을 갖고 있었을 뿐만 아니라 해결에 대한 열린 사고를 갖고 있었다는 것을 의미한다. 뜻밖의 발견이나 발명에 대한 대표적인 예가 '포스트잇'이다. 3M에 근무하던 아서 프라이가 악보에서 자꾸 떨어져 내리는 책갈피를 보고, 실험실에서 잠자고 있던 슈퍼 접착제를 쪽지에 발라 '포스트잇'을 탄생시켰다. 대개 이런 발명을 '세렌디피티(serendipity) 원리'라고 부른다.

① 아무런 생각을 하지 않는다고 해서 뇌가 쉬는 것은 아니다.
② 디폴트 네트워크는 외부 자극이 없을 때 활발한 활동을 하는 뇌의 영역을 말한다.
③ 디폴트 네트워크와 세렌디피티의 원리는 상반되는 개념이다.
④ 세렌디피티의 원리에는 행운뿐만 아니라 노력도 포함되어 있다.

정답해설 '디폴트 네트워크'는 정신적으로 아무 것도 하지 않을 때 활동을 활발히 하는 뇌의 영역을 말하고, '세렌디피티의 원리'는 해결해야 하는 문제에 대해 열린 사고를 가지고 있어야 좋은 아이디어를 떠올릴 수 있다는 것으로 두 개념이 상반되는 것은 아니다.

오답해설 ①, ② 뇌가 휴식을 취할 때 오히려 활동을 강화한다는 '디폴트 네트워크'에 따르면, 아무런 생각을 하지 않는다고 해서 뇌가 쉬는 것이 아님을 알 수 있다.
④ 해결해야 할 문제에 대한 배경 지식과 함께 열린 사고를 가지고 있어야 반짝이는 아이디어를 얻을 수 있다는 세렌디피티의 원리에 따르면 발명은 행운뿐만 아니라 노력도 함께 필요한 것이다.

04

　우리는 일상 어디에서나 타일을 쉽게 볼 수 있다. 정사각형 타일이 깔린 바닥은 건물에서 흔히 볼 수 있고 가끔은 독특한 모양의 타일을 깔아 한껏 멋을 낸 길을 걷기도 한다. 면에 빈틈없이 타일을 까는 과정을 타일링(tiling)이라고 한다. 타일링을 인테리어 장식의 하나라고 넘겨 버릴 수도 있지만 여기에는 수학적 원리가 숨어 있다.
　수학적으로 정의하면 타일링은 평면에 겹치지 않고 빈자리가 생기지 않게 배치한 도형의 집합이다. 타일링의 종류는 무수히 많다. 아무 도형이나 겹치지만 않게 바닥에 깐 뒤 빈자리가 있을 경우 거기에 맞는 도형을 만들어 끼워 넣으면 되기 때문이다. 하지만 아무런 조건이 없는 타일링은 미적으로도 가치가 떨어지고 수학의 측면에서도 의미가 없다. 수학자들은 다양한 조건을 만들어 이를 충족하는 타일링을 찾고 거기에서 어떤 법칙을 이끌어 냈다.

① 타일링에는 수학적 원리가 숨어 있다.
② 조건 없는 타일링은 미적으로 가치가 떨어진다.
③ 타일링의 종류는 정사각형 타일을 까는 타일링이 유일하다.
④ 수학적으로 타일링은 평면에 겹치지 않고 빈자리가 생기지 않게 배치한 도형의 집합이다.

> **정답해설** 아무 도형이나 겹치지만 않게 바닥에 깐 뒤 빈자리가 있을 경우 거기에 맞는 도형을 만들어 끼워 넣으면 되기 때문에 타일링의 종류는 무수히 많다고 나와있다.

05

힐링(Healing)은 사회적 압박과 스트레스 등으로 손상된 몸과 마음을 치유하는 방법을 포괄적으로 일컫는 말이다. 우리보다 먼저 힐링이 정착된 서구에서는 질병 치유의 대체 요법 또는 영적·심리적 치료 요법 등을 지칭하고 있다. 국내에서도 최근 힐링과 관련된 갖가지 상품이 유행하고 있다. 간단한 인터넷 검색을 통해 수천 가지의 상품을 확인할 수 있을 정도다. 종교적 명상, 자연 요법, 운동 요법 등 다양한 형태의 힐링 상품이 존재한다. 심지어 고가의 힐링 여행이나 힐링 주택 등의 상품들도 나오고 있다. 그러나 많은 돈을 들이지 않고서도 쉽게 할 수 있는 일부터 찾는 것이 좋을 것이다. 우선 명상이나 기도 등을 통해 내면에 눈뜨고, 필라테스나 요가를 통해 육체적 건강을 회복하여 자신감을 얻는 것부터 출발할 수 있다.

① 서양보다 동양에서 먼저 힐링이 정착되었다.
② 고가의 힐링 여행도 다양한 형태의 힐링 상품 중 하나이다.
③ 많은 돈을 들이지 않고 쉽게 할 수 있는 힐링 방법을 찾는 것이 좋다.
④ 우선 내면에 눈뜬 후에 육체적 건강을 회복하여 자신감을 얻는 것이 힐링이다.

정답해설 '우리보다 먼저 힐링이 정착된 서구에서는 질병 치유의 대체 요법 또는 영적·심리적 치료 요법 등을 지칭하고 있다.'고 제시문에 나와있다. 고가의 힐링 여행도 힐링 상품 중의 하나이며 많은 돈을 들이지 않고 쉽게 할 수 있는 힐링 방법을 찾는 것이 좋다. 또한 명상이나 기도 등을 통하여 내면에 눈뜨고, 필라테스나 요가를 통해 육체적 건강을 회복하여 자신감을 얻는 것부터 출발할 수 있다.

06

여성학이란 여성문제를 이론적으로 체계화하는 것을 목적으로 하는 학문이다. 다시 말해서 여성학은 여성 문제의 현상이나 그 원인 또는 구조적 특질 등을 이론적으로 표명하고 그 해결 전망을 모색하는 학문이다. 여성문제란 여성들이 생물학적 성을 이유로 가정과 사회에서 경제적, 정치적, 제도적, 이데올로기적, 성적으로 차별과 억압을 받은 현실을 말한다. 그러나 여성학적 연구가 다만 여성에 '관한' 연구만을 의미하지는 않는다. 여성에 관한 연구가 진정으로 여성을 '위한' 연구가 되기 위해서는 여성 해방적 시각이 전제되어야 한다. 여성 해방적 시각이란 여성 해방을 지향하는 가치와 신념으로서 여성을 엄연한 인간으로서 존중하며, 여성의 인간적 존엄성과 권리를 왜곡하는 모든 문화적 편견을 거부하고, 그러한 억압의 조건들을 변화시키려는 관점을 견지하는 것이다.

① 여성학은 여성 문제의 현상이나 원인 등을 이론적으로 표명한다.
② 여성학적 연구는 여성에 관한 연구만을 의미한다.
③ 여성 해방적 시각은 여성을 엄연한 인간으로서 존중한다.
④ 진정으로 여성을 '위한' 연구가 되기 위해서는 여성 해방적 시각이 전제되어야 한다.

정답해설 '여성학적 연구가 다만 여성에 '관한' 연구만을 의미하지는 않는다.'고 제시되어 있다. 여성에 관한 연구가 진정으로 여성을 '위한' 연구가 되기 위해서는 여성 해방적 시각이 전제되어야 한다.

07

1937년 영국에서 거행된 조지 6세의 대관식에 귀족들은 대부분 자동차를 타고 왔다. 대관식에 동원된 마차는 단 세 대밖에 없었을 정도로 의례에서 마차가 차지하는 비중이 작아졌다. 당시 마차 관련 서적에서 드러나듯, 대귀족 가문들조차 더 이상 호화로운 마차를 사용하지 않았다. 당시 마차들은 조각이 새겨진 황금빛 왕실 마차와 같이 의례용으로 이용되는 경우를 제외하고는 거의 사용되지 않은 채 방치되었다.

제2차 세계 대전 이후 전투기와 탱크와 핵폭탄이 세계를 지배하면서, 대중은 급격한 과학 기술의 발전에 두려움과 어지러움을 느끼게 되었다. 이런 배경하에 영국 왕실 의례에서는 말과 마차와 검과 깃털 장식 모자의 장엄한 전통이 정치적으로 부활하였다. 1953년 엘리자베스 2세의 대관식은 전통적인 방법으로 성대하게 치러졌다. 대관식에 참여한 모든 외국 왕족과 국가 원수를 마차에 태웠는데, 이때 부족한 일곱 대의 마차를 한 영화사에서 추가로 임대할 정도였다.

왕실의 고풍스러운 의례가 전파로 송출되기 시작하면서 급변하는 사회를 혼란스러워하던 대중은 전통적 왕실 의례에서 위안을 찾았다. 국민의 환호와 열광 속에 화려한 마차를 타고 개선로를 통과하는 군주에게는 어수선한 시대의 안정적 구심점이라는 이미지가 부여되었다. 군주는 전후 경제적 피폐와 정치적 혼란의 양상을 수습하고 국가 질서를 재건하는 상징적 존재로 부상하였다.

① 영국 왕실 의례는 영국의 지역 간 통합에 순기능으로 작용했다.
② 1940년대에 마차는 단지 의례용으로만 사용되었다.
③ 엘리자베스 2세의 대관식은 많은 국빈이 참여한 가운데 성대하게 거행되었다.
④ 엘리자베스 2세는 군중이 지켜보는 가운데 마차를 타고 개선로를 통과하였다.

정답해설 제시문에 따르면 영국 왕실 의례는 전후 경제적·정치적 혼란을 수습하는 등의 순기능으로 작용하였으나, 그 영향이 영국의 지역 간 통합에 미쳤는지의 여부는 알 수 없다.

08

윤리학은 규범에 관한 진술을 연구하는 학문이다. 우리가 하나의 규범을 진술하고 있는지 아니면 가치 판단을 진술하고 있는지에 관한 문제는 단지 설명 방식의 차이에 불과하다. 규범은 예를 들어 "살인하지 마라."와 같은 명령 형식을 가지고 있다. 이 명령에 대응하는 가치 판단은 "살인은 죄악이다."와 같은 것이다. "살인하지 마라."와 같은 규범은 문법적으로 명령 형식이며, 따라서 참이거나 거짓으로 드러날 수 있는 사실적 진술로 간주되지 않을 것이다. 그러나 "살인은 죄악이다."와 같은 가치 판단은 규범의 경우와 마찬가지로

단지 어떤 희망을 표현하는 것에 불과하지만 문법적으로는 서술문의 형식을 가지고 있다. 일부 사람들은 이러한 형식에 속아 넘어가서 가치 판단이 실제로는 하나의 주장이며, 따라서 참이거나 거짓이 되어야만 한다고 생각한다. 그러므로 이들은 자신의 가치 판단에 관한 근거를 제시하고 이를 반대하는 사람들의 주장을 논박하려고 노력한다. 그러나 실제로 가치 판단은 오해의 소지가 있는 문법적 형식을 가진 명령이다. 그것은 사람들의 행위에 영향을 미칠 수 있으며 이러한 영향은 우리들의 희망에 부합하거나 부합하지 않을 뿐이지 참이거나 거짓이라고 할 수 없다.

① 가치판단은 그 문법적 형식에서 규범에 관한 진술과 구별된다.
② "도둑질 하지 마라."라는 규범을 사실적 진술로 간주해서는 안 된다.
③ "도둑질은 나쁜 일이다."와 같은 진술은 참이거나 거짓이라고 할 수 없다.
④ 윤리학은 사실적 진술을 다루는 경험과학과 그 연구대상의 성격에서 차별화되지 않는다.

정답해설
윤리학은 규범에 관련한 진술을 다루는 학문이며, 규범은 사실적 진술로 간주되지 않는다. 따라서 윤리학이 사실적 진술을 다루는 경험과학과 그 연구대상의 성격에서 차별화되지 않는다는 내용은 제시문에 부합하지 않는다.

오답해설
① 가치판단은 사물의 행위에 대하여 판단을 내리는 것이며 규범에 관한 진술은 문법적으로 명령 형식을 가진 것이다. 따라서 가치판단은 문법적 형식에서 규범에 관한 진술과 구별된다.
② "도둑질 하지 마라."라는 규범을 사실적 진술로 간주해서는 안 된다는 내용은 '문법적으로 명령 형식이며, 참이거나 거짓으로 드러낼 수 있는 사실적 진술로 간주되지 않을 것'이라는 내용을 통해 확인할 수 있다.
③ "도둑질은 나쁜 일이다."와 같은 진술은 참이거나 거짓이라고 하기 어려운 가치판단이므로, 가치판단은 참이나 거짓이라고 할 수 없다.

소요시간		채점결과	
목표시간	4분 40초	총 문항수	8문항
실제 소요시간	( )분 ( )초	맞은 문항 수	( )문항
초과시간	( )분 ( )초	틀린 문항 수	( )문항

판단력·응용수리력

기출유형분석

문제풀이 시간 : 35초

▶ 다음 문장을 읽고 순서에 맞게 배열한 것을 고르시오.

(가) 이들은 만일 그렇지 않았다면 우리는 원하는 대로 자식들을 이끌어 훌륭한 품성을 갖도록 만들 수 있을 것이라고 주장한다.
(나) 하지만 주변에서 흔히 보듯이 우리가 원한다고 해도 반드시 자식들이 훌륭한 품성을 갖게 할 수는 없다는 점을 환기시키며 "이래도 우리 주장을 수용하지 못하겠는가?"라고 사람들에게 묻는다.
(다) 인간의 행위에 대해서 어떤 비판이나 칭찬도 할 수 없다고 주장하는 사람들이 있다. 이들은 만일 인간의 행위가 통제할 수 없는 원인에 의해 일어났다면 그 행위에 대해선 비난도 칭찬도 할 수 없다고 생각한다.
(라) 그런데 인간의 행위가 통제할 수 없는 원인에 의해 일어났다고 생각할 충분한 이유가 있다는 것이다.

① (가) – (나) – (다) – (라)
② (가) – (라) – (다) – (나)
③ (다) – (나) – (가) – (라)
④ (다) – (라) – (가) – (나)

정답해설
(다) 화제를 제시하며 '이들'은 인간 행위에 어떤 비판이나 칭찬도 할 수 없다고 주장하는 사람들이다.
(라) (다)의 주장에 대한 새로운 의견을 제시한 문장이다.
(가) 인간 행위가 통제될 수 있다면 부모들이 원하는 방향대로 자식을 이끌 수 있다는 의미이다.
(나) '하지만'이라는 역접의 접속어를 사용하여 부모가 원하는 대로 자식의 품성을 만들 수 없다는 점을 지적하고 있다.

핵심정리
문맥에 맞게 문장을 순서대로 나열하는 유형의 문제는 접속어, 지시어가 있는 문장을 가장 먼저 살펴보아야 한다.

정답 ④

[01~09] 다음 문장을 읽고 순서에 맞게 배열한 것을 고르시오.

총 문항 수 : 9문항 | 총 문제풀이 시간 : 5분 15초 | 문항당 문제풀이 시간 : 35초

01

(가) 인간은 성장 과정에서 자기 문화에 익숙해지기 때문에 어떤 제도나 관념을 아주 오래 전부터 지속되어 온 것으로 여긴다.
(나) 그러나 이런 생각은 전통의 시대적 배경 및 사회 문화적 의미를 제대로 파악하지 못하게 하는 결과를 초래한다.
(다) 여기에 과거의 문화를 오늘날과는 또 다른 문화로 보아야 할 필요성이 생긴다.
(라) 나아가 그것을 전통이라는 이름 아래 자기 문화의 본질적인 특성으로 믿기도 한다.

① (가) – (나) – (다) – (라)
② (가) – (라) – (나) – (다)
③ (다) – (라) – (가) – (나)
④ (다) – (라) – (나) – (가)

정답해설
(가) 화제를 제시하는 문장이다.
(라) '그것'은 인간이 오래전부터 지속되어 왔다고 여기는 '제도나 관념'을 지칭한다.
(나) (가)와 (라)에 나타난 인간의 생각이 초래하는 결과이다.
(다) '여기에'는 (나)에서 초래된 결과를 말한다.

02

(가) 그리고 그러한 그들의 의지가 바로 다사다난한 인생을 관통하여 재즈에 담겨 있다.
(나) 재즈 역사가들은 재즈를 음악을 넘어선 하나의 이상이라고 얘기한다. 그 이상이란 삶 속에서 우러나온 경험과 감정을 담고자 하는 인간의 열정적인 마음이다.

(다) 초기의 재즈가 미국 흑인들의 한과 고통을 담아낸 흔적이자 역사 그 자체라는 점이 이를 증명한다.
(라) 여기에서 영감을 얻은 재즈 작곡가나 연주자는 즉자적으로 곡을 작곡하고 연주해왔다.

① (나) – (다) – (라) – (가)
② (나) – (가) – (라) – (다)
③ (나) – (라) – (가) – (다)
④ (다) – (가) – (나) – (라)

정답해설
(나) '재즈'에 대한 재즈 역사가들의 입장이 제시되어 있으며, '그 이상'이란 앞 문장에서 언급된 '하나의 이상'을 말하는 것이다.
(라) '여기에서'는 삶 속에서 우러나온 경험과 감정을 담고자 하는 열정적인 마음을 의미한다.
(가) '그들의 의지'는 (라)와 마찬가지로 삶 속에서의 경험과 감정을 담고자 했던 열정적인 마음을 의미한다.
(다) 앞의 문장들에서 진술한 내용의 대표적인 사례로 '초기 재즈'를 언급하고 있다.

03

(가) 서로의 의견이 충돌할 때에는 토론을 통하여 생각의 차이를 확인하고 그 차이를 좁혀 더 합리적이고 수용 가능한 방향으로 합의해 나가는 것이 바람직하다.
(나) 이때 생각의 차이를 이해하는 것도 문제의 해결책을 탐색하는 한 과정이 될 수 있다.
(다) 그러나 각자의 전제가 달라 서로 다른 주장을 한다면 근본적으로 그 차이를 좁히기 어렵다.
(라) '해결(解決)'이란 제기된 문제를 해명하거나 얽힘을 해소하는 것을 말한다.

① (가) – (다) – (나) – (라)
② (가) – (라) – (나) – (다)
③ (라) – (나) – (가) – (다)
④ (라) – (가) – (다) – (나)

 제시된 문장은 '해결(解決)'의 정의와 의견 충돌 상황에서의 해결 방법에 대한 내용이다.
(라) '해결(解決)'에 대해 정의를 내린 문장이다.
(가) 서로의 의견이 충돌하는 상황을 해결하는 방법이 제시되어 있다.
(다) 서로의 의견이 충돌할 때 전제가 다르면 근본적으로 의견의 차이를 좁히기 어렵다.
(나) 상대방과 근본적으로 의견의 차이를 좁히기 어려운 상황에서의 해결 방법은 '생각의 차이'를 이해하는 것이다.

04

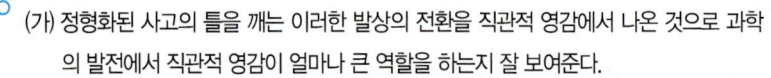

(가) 정형화된 사고의 틀을 깨는 이러한 발상의 전환을 직관적 영감에서 나온 것으로 과학의 발전에서 직관적 영감이 얼마나 큰 역할을 하는지 잘 보여준다.
(나) 그 밖에도 뉴턴은 떨어지는 사과에서 만유인력을 발견하였고, 갈릴레이는 피사의 대사원에서 기도하던 중 천장에서 흔들리는 램프를 보고 진자의 원리를 발견했다.
(다) 아인슈타인은 누구에게나 절대적 진리로 간주되었던 시간과 공간의 불변성을 뒤엎고, 상대성 이론을 통해 시간과 공간도 변할 수 있다는 것을 보여주었다.
(라) 이렇게 볼 때 과학의 발견이 1%의 영감과 99%의 노력에 의해 이루어진다는 말은 과학의 발전에서 직관적 영감의 역할을 과소평가한 것이다.

① (가) – (나) – (다) – (라)
② (가) – (다) – (나) – (라)
③ (다) – (가) – (나) – (라)
④ (다) – (가) – (라) – (나)

 (다) 아인슈타인은 상대성 이론을 통해 시공간의 불변성을 뒤엎었다.
(가) '이러한 발상의 전환'은 아인슈타인의 상대성 이론을 말하며, 그의 이론은 과학에서 직관적 영감의 중요성을 보여주는 사례라고 평가하고 있다.
(나) 뉴턴, 갈릴레이 등도 직관적 영감을 통해 과학적 업적을 이룬 사람들이다.
(라) 앞선 사례들을 바탕으로 과학의 발전에서 직관적 영감의 역할이 과소평가되었다는 주장을 제시하고 있다.

05

(가) 이렇게 생물학적으로 이기적일 것을 인간은 요구받고, 또 이 요구를 벗어날 수 있는 인간은 없다.
(나) 하지만 생명체가 자신의 의지로 이런 고비를 넘어야 할 때에는 이기주의적 전략이 거의 항상 좋은 방법이 된다.
(다) 이 고비를 넘는 과정이 순전히 행운에 맡겨진 경우도 있다.
(라) 인간이 갖는 이기주의적 성향은 너무나 자연스러운 현상이다. 하나의 생명이 탄생하는 과정을 관찰하면, 너무나 많은 생사의 고비를 거쳐야 한다는 것을 알 수 있다.

① (라) - (나) - (가) - (다)
② (라) - (다) - (가) - (나)
③ (라) - (나) - (다) - (가)
④ (라) - (다) - (나) - (가)

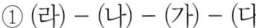
제시된 문장 중 (라)문장의 앞에 접속어가 나타나지 않으므로, 앞에 제시되는 것이 자연스럽다.
(라) 전체의 주장에 해당하는 첫 번째 문장을 제시한 후 하나의 생명 탄생의 과정에는 많은 생사의 고비를 거쳐야 한다는 내용이다.
(다) '이 고비'는 (라)에 제시된 생사의 고비를 뜻한다.
(나) 생명체가 생사의 고비를 넘을 때 이기주의적 전략이 좋은 방법이 된다.
(가) 따라서 인간은 이기적일 것을 요구받고, 그 요구를 벗어날 수 있는 인간은 없다.

06

(가) 작가는 외부 사물의 묘사로 복잡한 심리 상태를 암시하기도 하고, 예상하지 못했던 극적인 반전으로 우리를 당황하게 하기도 한다.
(나) 소설 읽기는 삶의 의미를 발견하기 위한 일종의 여행으로, 우리를 안내하는 작가는 여러 가지 방법으로 우리의 여행을 돕는다.

(다) 그는 상황을 요약하여 제시해 줌으로써 우리의 수고를 덜어 주기도 하고, 개념적인 언어로 자신의 사상을 직접 피력하기도 한다.

(라) 그러나 집을 떠난 여행이 그렇듯이 소설을 읽는 여정 역시 순조롭지만은 않다.

① (나) – (다) – (라) – (가)
② (나) – (라) – (가) – (다)
③ (다) – (가) – (라) – (나)
④ (다) – (나) – (라) – (가)

> **정답해설**
> (나) 소설 읽기를 여행에, 작가는 여행을 안내하는 사람에 빗대어 표현하고 있다.
> (다) 여행의 안내자인 작가의 역할에 대해 설명하고 있다.
> (라) 소설을 읽는 여정에 어려움도 있음을 제시하고 있다.
> (가) 앞서 말한 어려움에 대해 구체적으로 설명하고 있다.

07

(가) 노동자 계급이 읽는 능력을 획득하면, 수신의 충실도가 높아지는 것이다.
(나) 산업혁명 초기의 영국에서 교육 조직이 개편될 때, 지배 계층은 노동자 계층에게 읽는 능력은 가르쳐주되 쓰는 능력은 가르쳐주지 않으려 했다.
(다) 따라서 지배 계급의 입장에서 노동자들이 반드시 글을 쓸 줄 알아야 할 필요는 없었다.
(라) 그러나 노동자 계급이 쓸 수 있는 능력을 획득하게 되면 정치적 지배에 균열이 생길 수 있다.
(마) 노동자 계층이 글을 읽을 줄 알게 되면 새로운 지시사항을 보다 쉽게 이해할 수 있고, 성서를 읽음으로써 도덕적 계발의 효과까지 얻을 수 있다.

① (나) – (가) – (마) – (다) – (라)
② (나) – (마) – (가) – (라) – (다)
③ (다) – (라) – (나) – (마) – (가)
④ (마) – (나) – (가) – (라) – (다)

> 지시어와 접속어가 많지 않기 때문에 접속어가 있는 (다), (라) 문장을 중심으로 문맥의 흐름을 유심히 파악해야 한다.
> (나) 제시된 내용 전체를 포괄하는 화제 제시 문장이다.
> (마), (가) 노동자 계급이 학습 능력을 획득하였을 때의 좋은 점이 제시되어 있다.
> (라) 노동자 계급이 쓰기 능력을 획득하였을 때의 단점이 제시되었다.
> (다) '따라서 노동자 계급의 쓰기 능력은 필요 없었다.'라고 언급하는 것으로 보아 (라)뒤에 와야 한다.

08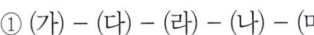

(가) 근대 민법은 실질적으로 평등하고 자유로운 인간 생활을 확보하지는 못하였다.
(나) 그러나 민법전의 규정만으로는 노동자들의 사회적 권리를 현실적으로 보호할 수 없었으며, 이는 사용자에 의한 노동자의 노동력 착취로 이어지게 되었다.
(다) 그 원인은 근대 민법이 자본주의와 결합하는 과정에서 실질적 자유와 평등을 확보할 적절한 법 제도와 법 기술을 보유하지 못한 데서 찾을 수 있다.
(라) 이 근대 민법에서는 사용자와 노동자를 평등한 인격체로 전제한다.
(마) 이에 노동자의 생존권을 보호할 책임을 느낀 국가는 노동자에 대한 후견적 배려로서 여러 특별법적 조치를 마련하기에 이르렀다.

① (가) - (다) - (라) - (나) - (마)
② (가) - (다) - (나) - (라) - (마)
③ (가) - (라) - (다) - (나) - (마)
④ (가) - (라) - (나) - (다) - (마)

> (가) 글 전체는 근대 민법에 대한 내용으로, 앞에 지시어나 접속어가 없는 (가)문장이 가장 처음에 오는 것이 자연스럽다.
> (다) 근대 민법의 자유롭고 평등한 인간 생활을 확보하지 못한 이유에 대해 밝히고 있다.
> (라) (가)와 (다) 이외의 문장은 모두 노동자와 관련된 내용인데, 근대 민법에서 전제하는 노동자의 성격에 대해 제시한 (라)문장이 (가)와 (다)를 제외하고 가장 앞에 와야 한다.
> (나) '그러나'라는 접속어를 사용하여 근대 민법에서 전제하는 평등한 인격체로서의 노동자가 현실적으로 이루어질 수 없음에 대해 서술하고 있다.
> (마) '이에'는 노동자의 사회적 권리가 보호받지 못하는 현실, 노동자의 노동력 착취를 지칭하는 것이다.

정답 07 ② | 08 ①

09

(가) 양쪽 차원 모두에서 사이버공간의 본질은 관계적이다.
(나) 또한, 사이버공간은 광섬유와 통신위성 등에 의해 서로 연결된 컴퓨터들의 물리적인 네트워크로 구성되어 있다.
(다) 사이버공간은 관계의 네트워크이다.
(라) 그러나 사이버공간이 물리적인 연결만으로 이루어지는 것은 아니다.
(마) 사이버공간을 구성하는 많은 관계들은 오직 소프트웨어를 통해서만 실현되는 순전히 논리적인 연결이기 때문이다.

① (가) – (다) – (나) – (라) – (마)   ② (나) – (다) – (라) – (가) – (마)
③ (나) – (다) – (라) – (마) – (가)   ④ (다) – (나) – (라) – (마) – (가)

정답해설
(다) '사이버공간=관계의 네트워크'라는 전제 문장이다.
(나) 사이버공간은 물리적 네트워크로 구성되어 있다.
(라) '그러나'라는 접속어를 사용하여 앞의 문장과 상반되는 내용을 제시하고 있다.
(마) (라)와 같이 주장하는 이유가 제시되어 있다.
(가) '양쪽 차원'이란 물리적 연결과 논리적 연결을 말하는 것이다.

소요시간		채점결과	
목표시간	5분 15초	총 문항수	9문항
실제 소요시간	( )분 ( )초	맞은 문항 수	( )문항
초과시간	( )분 ( )초	틀린 문항 수	( )문항

기출유형분석

🕐 문제풀이 시간 : 20초

▶ 다음 빈칸에 들어갈 알맞은 말을 고르시오.

아노미는 프랑스의 사회학자 에밀 뒤르켐의 연구에서 유래한 것으로, 사회구성원의 행동을 규제하는 공동의 가치관이나 도덕 기준이 (　　)된 혼동상태, 그리고 그로 인해 목적의식이나 이상이 (　　)된 사회나 개인에게 나타난 불안정 상태를 말한다.

① 배제　　　　　　　　　② 증발
③ 실종　　　　　　　　　④ 상실

정답해설 상실 : (기억이나 자신 · 자격 · 권리 · 의미 등 주로 추상적인 것을) 잃어버림

오답해설
① 배제 : 장애가 되는 것을 없앰
② 증발 : 액체가 그 표면에서 기체로 변하는 일 또는 '사람이나 물건이 갑자기 사라져 행방불명이 됨'을 속되게 이르는 말
③ 실종 : (사람의) 소재나 행방, 생사 여부를 알 수 없게 됨

핵심정리 내용의 추리
- **문맥을 통한 어구의 추리** : 생략되어 있는 어구를 전후 문맥을 통해 미루어 짐작한다.
- **생략된 내용의 추리** : 논지 전개의 흐름을 보아 글을 이루고 있는 문장과 문장, 단락과 단락 사이에 생략된 내용을 추리한다.
- **새로운 정보의 구성** : 기존의 정보를 바탕으로 새로운 내용을 논리적인 측면에서 이끌어 낸다.
- **함축적 의미의 파악** : 표현의 효과를 높이기 위해 사용하는 비유나 문맥에 내포되어 있는 함축적 의미를 파악한다.

정답 ④

[01~10] 다음 빈칸에 들어갈 알맞은 말을 고르시오.

총 문항 수 : 10문항 | 총 문제풀이 시간 : 3분 20초 | 문항당 문제풀이 시간 : 20초

01

다문화 정책 중 하나인 '용광로 정책(Melting pot policy)'이란 다양한 인종과 민족을 용광로에 녹여 하나의 새로운 동질 문화를 형성하려는 것이다. 문화적 배경이 서로 다른 다양한 인종과 민족이 용광로를 거쳐서 그 사회의 주류 문화에 (　　)되어 거기에서 태어난 사람과 같이 전환되기를 기대하는 것이다.

① 이화(異化) ② 동화(同化)
③ 도태(淘汰) ④ 선택(選擇)

> **정답해설** 다양한 인종과 민족을 하나의 새로운 '동질 문화'로 만드는 용광로 정책의 정의를 참고할 때 빈칸 안에는 '성질, 양식, 사상 따위가 다르던 것이 서로 같게 됨'이라는 의미의 '동화(同化)'가 들어가야 한다.

02

소쉬르는 언어가 역사적인 산물이더라도 변화 이전과 변화 이후를 구별해서 보아야 한다고 주장하였다. 언어는 구성 요소의 순간 상태 이외에는 어떤 것에 의해서도 규정될 수 없는 가치 체계이므로, 그 자체로서의 가치 체계와 변화에 따른 가치를 구별하지 않고서는 언어를 정확하게 연구할 수 없다는 것이다. 화자는 하나의 상태 앞에 있을 뿐이며, 화자에게는 시간 속에 위치한 현상의 (　　)이 존재하지 않기 때문이다. 그러므로 한 시기의 언어 상태를 기술하기 위해서는 그 상태에 이르기까지의 모든 과정을 무시해야 한다고 하였다.

① 연속성(連續性)　　② 독립성(獨立性)
③ 당위성(當爲性)　　④ 동시성(同時性)

> **정답해설** 앞의 문장에서 언어는 구성 요소의 순간 상태에 의해서만 규정되는 가치 체계라고 언급되었으며, 뒤의 문장에서는 한 시기의 언어 상태를 기술할 때 그 상태에 이르기까지의 모든 과정이 무시된다는 내용이 언급되었다. 이를 통해 화자에게는 현상의 '연속성'이 존재하지 않는다는 것을 추론할 수 있다.

03

문신(文身)은 위치나 형태를 통해 신분의 고하(高下)나 결혼의 유무 등 사회적 신분을 표시하는 기능도 수행하는데 이때 문신하기는 일종의 (　　)(이)다. 그러나 문신은 이와 같은 종교적·실용적 기능 외에도 미적 기능이 있다. 옷이 신분을 드러내는 표지이면서 동시에 아름다움의 표현이듯이 문신 역시 문신 사회에서는 아름다움의 표현이었다.

① 주술　　② 문화
③ 예술　　④ 통과의례

> **정답해설** 신분이나 결혼의 유무 등 사회적 신분을 표시한다고 하는 것은 사람이 어떤 새로운 상태로 넘어갈 때 겪어야 할 의식을 말하는 것이다.

정답 01 ②　02 ①　03 ④

04

어느 때보다 엔지니어들이 많이 존재함에도 불구하고 오늘날 엔지니어들은 이전 시대보다 대중들에게 덜 드러나 있다. 기술적 진보는 당연한 것으로 인정되고, 기술적 실패는 기업의 탓으로 돌려진다. 대중의 시선은 엔지니어들이 아니라 오히려 기업의 대표자나 최고 경영자에게 향한다. 엔지니어들의 이러한 (   )은/는 그들로 하여금 대중에 대한 책임감이나 대중과의 교감을 희미하게 만든다.

① 책임전가 ② 비가시성
③ 행태 ④ 무책임

> 오늘날 엔지니어들이 대중들에게 덜 드러나 있으며, 대중의 시선에서 벗어나 있다는 것은 엔지니어들의 비가시성을 의미한다.

05

현대의 과학자들은 미래의 기후를 예측하기 위해 여러 기상 요소들을 조사하고 연구한다. 지상과 해상 그리고 우주에서 지구의 기온 변화를 관측하고 빙하와 지층과 화석을 통해 과거의 기후를 살핀다. 그 결과 과학자들은 기후 변화의 여러 (   )들이 이렇게 변하면 저렇게 변할 것이라는 예측치를 내놓는다.

① 조건 ② 연구
③ 전망 ④ 조사

> **정답해설**
> 기후가 어떻게 변할 것이라는 예측치란 앞으로 일어날 기후 변화를 설명하는 것이므로 '전망'이 들어가는 게 적절하다.
> **전망** : 앞날을 헤아려 내다봄. 또는 내다보이는 장래의 상황

이문제중요 06

우리에게 꿈이 중요한 까닭은 자신도 깨닫지 못하는 무의식의 세계를 구체적으로 이해할 수 있는 형태로 바꾸어서 보여 주기 때문이다. 우리는 꿈을 통해 그 사람의 잠을 방해할 정도의 어떤 일이 진행되고 있다는 것을 알 수 있을 뿐 아니라, 그 일에 대해서 어떤 식으로 대처해야 하는지 까지도 알게 된다. 그런 일은 깨어 있을 때에는 쉽사리 알아내기가 어렵다. 이는 따뜻하고 화려한 옷이 몸의 상처나 결점을 가려주는 것과 마찬가지로, (   ) 우리는 정신이 옷을 벗기를 기다려 비로소 그 사람의 내면 세계로 들어갈 수 있다.

① 잠이 콤플렉스의 심화를 막아주기 때문이다.
② 꿈이 정신의 질병을 예방하고 치료할 수 있기 때문이다.
③ 깨어 있는 의식이 내면세계의 관찰을 방해하기 때문이다.
④ 투사 작용이 정신의 약점이나 결함을 가려주기 때문이다.

> **정답해설**
> 빈칸의 앞뒤 문맥을 보면 따뜻하고 화려한 옷으로 비유되는 의식이 몸의 결점이나 상처로 비유되는 내적 욕구와 콤플렉스를 가려, 깨어 있을 때는 그것을 알아내기 어렵다는 내용이다. 따라서 빈칸에는 깨어 있는 의식이 내면세계의 관찰을 방해한다는 내용이 들어가야 한다.

정답 04 ② | 05 ③ | 06 ③

07

현대의 복지국가는 무제한의 자유방임주의를 버리고, 적극적으로 사회의 경제질서에 개입함과 동시에 경제적 (　) 관계의 대립을 (　) 하여 국민의 생존권을 실질적으로 보장하기 위해 노력하였다.

① 이해 – 조정　　② 대립 – 타개
③ 협력 – 조성　　④ 존속 – 극복

정답해설 이해(利害) : 이익과 손해를 아울러 이르는 말
조정(調停) : 분쟁을 중간에서 화해하게 하거나 서로 타협점을 찾아 합의하도록 함

오답해설 ② 타개(打開) : 매우 어렵거나 막힌 일을 잘 처리하여 해결의 길을 엶
③ 조성(造成) : 무엇을 만들어 이룸, 분위기나 정세 등을 만듦

08

주화와 신기전은 화약의 힘을 빌려 적진에 날아감으로써 사거리가 길고, 비행 중에 연기를 (　) 함으로써 적에게 공포심을 일으키며, 앞부분에 발화통이 달려 있어서 적진에 이르러 폭발한다는 등 많은 장점을 가지고 있었다. 따라서 각 군영에 많은 양이 배치되어 사용되었고, 실제 주요 전투에서도 결정적인 역할을 하여 조선군이 승리하는 데 큰 (　) 이 되었다.

① 분출 – 원동력　　② 발사 – 시발점
③ 분해 – 활력　　　④ 배출 – 가동력

정답해설 분출 : 액체나 기체 상태의 물질이 솟구쳐서 뿜어 나옴
원동력 : 어떤 움직임의 근본이 되는 힘

09 이 문제 중요!

> 골다공증은 뼈의 구성성분인 칼슘 등을 포함한 무기질이 뼈에서 빠져나가면서 골량이 감소되고 뼈의 (　)가 약해짐으로써, 일상생활에서 일어날 수 있는 작은 충격에도 쉽게 (　)이/가 발생할 수 있는 상태를 말한다.

① 경도 – 파손　　　　② 밀도 – 손해
③ 구조 – 골절　　　　④ 상태 – 탈골

정답해설 구조 : 전체를 이루고 있는 부분들이 서로 짜인 관계나 그 체계
골절 : 뼈가 부러짐

오답해설 ① 경도 : 물체의 가벼운 정도
　　파손 : 깨져서 못 쓰게 됨
② 밀도 : 빽빽한 정도
　　손해 : 물질적으로나 정신적으로 밑짐
④ 탈골 : (관절에서) 뼈마디, 연골, 인대 등의 조직이 정상적인 범위를 벗어나 위치를 이동하는 것

정답 07 ① | 08 ① | 09 ③

10

발견은 자연에 있는 것을 찾아내는 것이지만, 발명은 새로운 무언가를 만들어 내는 것이다. 그런데 이 발명은 천재적인 영감이나 과학 지식의 응용보다는 오랜 훈련과 노력을 바탕으로 문제를 인식하고 해결책을 (   )하는 과정에서 얻어진다. 기술 공학에서의 (   )은/는 이러한 발견과 발명을 포괄하면서 동시에 신기술의 상용화까지 추구하는 개념이다.

① 강구 – 보전
② 실행 – 변혁
③ 물색 – 수구
④ 모색 – 혁신

정답해설 모색 : 일이나 사건 따위를 해결할 수 있는 방법이나 실마리를 찾음
혁신 : 묵은 풍속, 관습, 조직, 방법 따위를 완전히 바꾸어서 새롭게 함

소요시간		채점결과	
목표시간	3분 20초	총 문항수	10문항
실제 소요시간	( )분 ( )초	맞은 문항 수	( )문항
초과시간	( )분 ( )초	틀린 문항 수	( )문항

기출유형분석

> 문제풀이 시간 : 30초

▶ 다음 표는 우리나라의 돼지고기 수입 현황이다. 2016년부터 우리나라에 대한 돼지고기 수입량이 꾸준히 증가한 나라들에서 2020년 한 해 동안 수입한 돼지고기는 총 몇 톤인가?

국가별 돼지고기 수입 현황

(단위 : 톤)

구분	2016년	2017년	2018년	2019년	2020년
미국	17,335	14,448	23,199	62,760	85,744
캐나다	39,497	35,595	40,469	57,545	62,981
칠레	3,475	15,385	23,257	32,425	31,621
덴마크	21,102	19,430	28,190	25,401	24,005
프랑스	111	5,904	14,108	21,298	22,332
벨기에	19,754	14,970	19,699	17,903	20,062
오스트리아	4,474	2,248	6,521	9,869	12,495
네덜란드	2,631	5,824	8,916	10,810	12,092
폴란드	1,728	1,829	4,950	7,867	11,879

① 46,303톤 ② 48,296톤
③ 50,584톤 ④ 65,047톤

정답해설 2016년부터 국가별 수입량이 꾸준히 증가한 나라는 프랑스, 네덜란드, 폴란드이다. 2020년 이들 나라에서 수입한 돼지고기를 모두 더하면 46,303톤(22,332+12,092+11,879)이다.

정답 ①

[01~10] 주어진 자료를 보고 질문에 답하시오.

총 문항 수 : 10문항 | 총 문제풀이 시간 : 5분 | 문항당 문제풀이 시간 : 30초

01 다음 두 자료를 바탕으로 가장 바르게 추론한 것은?

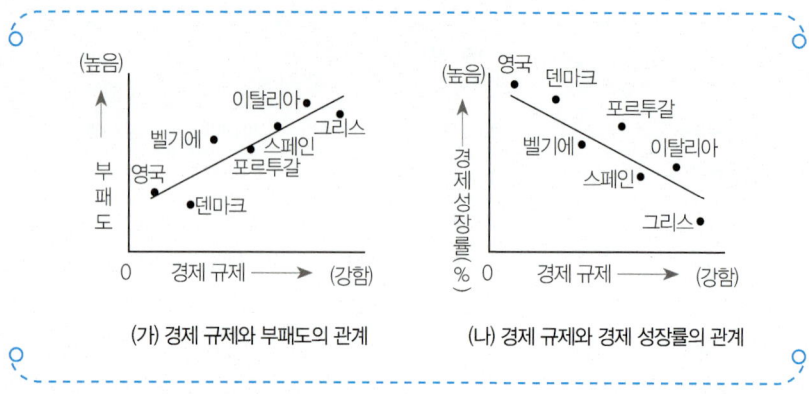

(가) 경제 규제와 부패도의 관계
(나) 경제 규제와 경제 성장률의 관계

① 부패가 경제 성장에 장애가 될 수 있다.
② 공공 이익을 위한 정부의 규제는 부패와 무관하다.
③ 민주주의가 발전한 나라일수록 경제 성장률이 낮다.
④ 작은 정부일수록 공무원의 부패가 심하게 나타나는 경향이 있다.

> (가)의 자료에서는 경제 규제가 강할수록 부패도가 높음을 알 수 있고, (나)에서는 경제 규제가 강할수록 경제 성장률이 낮음을 알 수 있다. 이를 통해 경제 규제와 부패 간에 연관이 있음을 추론할 수 있다. 또한 부패도가 높은 나라일수록 경제 성장률도 낮으므로 ①과 같은 추론이 가능하다.

02 다음은 일본과 한국 두 나라에서 휴대전화와 게임기 한 단위를 생산하는 데 들어가는 비용을 표로 나타낸 것이다. 휴대전화와 게임이 한 단위의 국제 가격이 동일하고 두 나라가 휴대전화와 게임기를 1 : 1로 교환하는 무역의 상황을 가정할 때 옳지 않은 내용은?

국가	게임기 생산비	휴대전화 생산비	휴대전화 생산비/게임기 생산비	게임기 생산비/휴대전화 생산비
일본	100	120	1.2	0.83
한국	90	80	0.88	1.12

① 한국은 게임기와 휴대전화의 생산비에서 일본에 비해 절대 우위의 상태에 있다.
② 한국은 휴대전화를 수출하고 게임기를 수입하는 것이 이익이다.
③ 일본과 한국은 각각 게임기와 휴대전화 산업으로 전문화하게 될 가능성이 크고, 또 그것이 국가에 이익이 된다.
④ 일본은 한국에 비해 게임기 생산비가 더 높기 때문에 게임기를 수출해도 이익을 얻을 수 없다.

> **정답해설** 자국에서 생산된 상품이 외국에서 생산된 상품과 비교하여 상대적으로 생산비가 싼 비교우위에 있는 상품일 때, 각국은 이를 특화하여 다른 국가와 무역을 하는 것이 유리하다. 위 표를 통해 비교우위를 살폈을 때, 한국은 휴대전화를 생산하는 것이 유리하고 일본은 게임기를 생산하는 것이 유리하다.

03 다음은 A국의 무역상황을 나타낸 것이다. 이를 통해 이 나라의 경제상황을 추론해볼 때 논리적으로 옳지 않은 것을 〈보기〉에서 고르면?

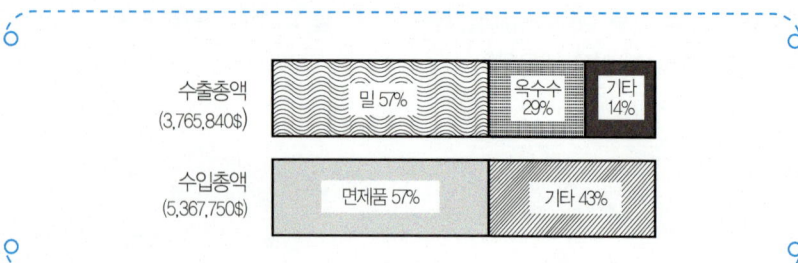

보기
(가) 교역국이 B국에 편중되었다.
(나) 농산물 수출의 증가로 지주층이 대부분 몰락하였다.
(다) 농산물이 수출품의 주종을 이루었다.
(라) 면제품 수입으로 A국의 전통적 면 방직업은 쇠퇴할 가능성이 높다.

① (가), (라) ② (나), (라)
③ (가), (나) ④ (나), (다)

정답해설 A국의 무역상황으로는 A국의 상대 교역국을 알 수 없으며, 주로 밀과 옥수수 등의 농산물 수출로 지주들이 상당한 교역 이익을 얻었으리라 추론할 수 있다.

04 다음은 어느 지역의 급식 시행 학교 수와 급식인력 현황을 나타낸 표이다. 전체 급식 시행 학교에서 급식인력은 평균 몇 명인가? (단, 소수점 이하는 반올림한다.)

학교별 급식 시행 학교 수와 급식인력 현황

(단위 : 개, 명)

구분	급식 시행 학교 수	직종별 급식인력					급식인력 합계
		영양사			조리사	조리 보조원	
		정규직	비정규직	소계			
초등학교	137	95	21	116	125	321	562
중학교	81	27	34	61	67	159	287
고등학교	63	56	37	93	59	174	326
특수학교	5	4	0	4	7	9	20
전체	286	182	92	274	258	663	1,195

① 약 3명
② 약 4명
③ 약 5명
④ 약 6명

정답해설 전체 급식 시행 학교 수는 286개이고, 총 급식인력은 1,195명으로 전체 급식 시행 학교에 대한 평균 급식인력은

$$\frac{\text{급식인력총계}}{\text{전체급식시행학교수}} = \frac{1,195}{286} = 4.17832\cdots$$

따라서 전체 급식 시행 학교에서 급식인력은 평균 4명이다.

05. 다음은 연령별 인터넷 이용부문을 나타낸 것이다. 이에 대한 분석으로 보기 중 적절한 것을 모두 고르면?

〈인터넷 이용부문(복수응답)〉

(단위 : %)

구분	자료/정보검색	메일 사용	쇼핑/예약	채팅/메신저	게임	인터넷 뱅킹	학습	오락	동호회	신문/뉴스/잡지	기타	인터넷 이용자
15~19세	92.5	98.0	54.0	89.7	76.8	16.7	40.5	83.3	25.8	87.6	79.1	100.0
남자	89.8	97.7	51.4	87.9	83.7	17.8	38.3	78.9	25.6	84.9	76.9	100.0
여자	95.4	98.3	56.9	91.6	69.4	15.6	42.8	88.0	26.0	90.4	81.4	100.0
20~24세	98.3	97.8	75.3	91.2	71.3	43.0	39.8	84.6	41.4	94.3	85.4	100.0
남자	98.9	97.0	74.0	92.4	82.1	41.7	41.4	84.0	49.1	94.7	86.4	100.0
여자	97.7	98.7	76.5	89.8	60.1	44.4	38.1	85.3	33.3	94.0	84.3	100.0

*인터넷을 한달에 한 번 이상 이용하는 경우에 한해서 집계

보기

(가) 각 연령층 모두 '자료/정보검색', '메일 사용'부문의 인터넷 사용이 두드러졌다.
(나) 20~24세의 경우 '쇼핑/예약'과 '인터넷 뱅킹'이 타 연령층에 비해 높게 나타났다.
(다) 15~19세 청소년의 주요 인터넷 이용부문은 '자료/정보검색', '메일 사용', '채팅/메신저'순으로 나타났다.
(라) 20~24세의 경우 학습 부문의 이용률이 낮다.

① (가), (나)
② (가), (나), (다)
③ (가), (나), (라)
④ (나), (다), (라)

정답해설 15~19세 청소년의 주요 인터넷 이용부문은 '메일 사용' 98.0%, '자료/정보검색' 92.5%, '채팅/메신저' 89.7%순으로 나타났다.

06 다음은 '연도별 우울증 진료인원 추이'를 나타낸 자료이다. 이를 통해 유추한 것으로 가장 거리가 먼 것은?

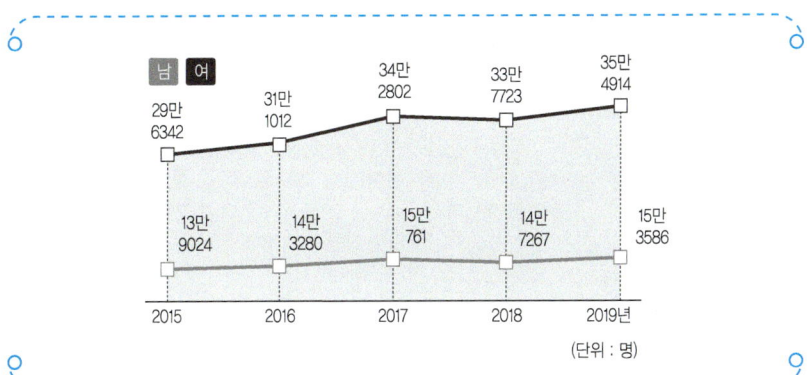

(단위 : 명)

① 2018년도에 우울증 진료 인원이 소폭 감소한 것은 평창 올림픽과 같은 행사의 영향 때문일 수도 있다.
② 여성 우울증 환자의 비율이 높은 것은 임신, 폐경과 같은 호르몬 변화와 밀접한 영향이 있을 것이다.
③ 남녀 간 우울증 진료인원 수에 차이가 있는 것은 남성들에 비하여 여성들이 스트레스를 해소할 만한 요소가 적기 때문일 것이다.
④ 중년과 고령층에서 우울증이 많이 발생하는 것은 퇴직과 실업과 같은 경제상황 때문일 것이다.

> 제시된 자료를 통해서는 연령대별 우울증 진료인원 추이를 파악할 수 없다.

07 다음과 같은 대상에서 추출한 의미를 바탕으로 '성공'에 관한 글을 쓰고자 한다. 추출한 의미를 통해 연상한 내용으로 옳지 않은 것은?

대상	추출한 의미	연상한 내용
섭씨 25도 = 화씨 77도	똑같은 현상도 기준에 따라 다르게 표현될 수 있다.	① 성공한 사람들 대부분이 같은 문제도 다르게 접근할 줄 아는 폭넓은 시각을 지니고 있었다.
초침 60바퀴 = 한 시간	작은 변화가 누적되면서 큰 변화가 이루어진다.	② 작은 습관의 변화가 모여서 성공을 부르는 습관을 만든다.
$(3+4) \times 5 = 35$ $3+(4 \times 5) = 23$	어떤 것끼리 묶느냐에 따라 결과가 달라진다.	③ 성공은 혼자 힘으로 이룰 수 없으며 많은 사람의 노력이 합쳐져야 한다.
26 : 20을 의미함 260 : 200을 의미함 2600 : 2000을 의미함	어느 위치에 있는가에 따라 그 가치가 달라진다.	④ 같은 능력을 가진 인물이라도 자신의 능력을 십분 발휘할 수 있는 위치에 있는 인물이 더 빨리 성공한다.

연상한 내용으로는 '어떤 파트너를 만나느냐에 따라 성공할 수도 실패할 수도 있다.'라는 내용이 들어가는 것이 적절하다.

08 다음 자료에 대한 반응으로 적절하지 않은 것을 고르시오.

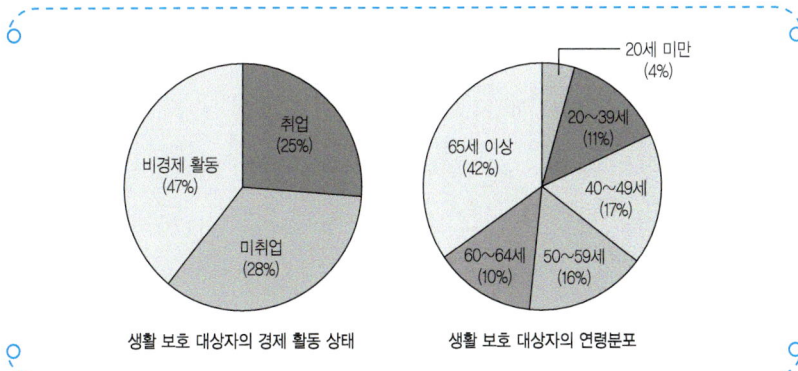

생활 보호 대상자의 경제 활동 상태   생활 보호 대상자의 연령분포

① 고령화 될수록 생활 보호의 필요성이 커진다.
② 생활 보호 대상자의 70%이상이 경제적 자립이 약하다.
③ '생활 보호 대상자의 연령분포'에서 세 번째로 많은 연령은 50~59세이다.
④ 고령 인구의 자립을 위해 공공 부조 제도를 축소해야 될 필요성이 있다.

> **정답해설** 고령화 인구가 자립할 수 있도록 일자리를 제공하고, 그 전까지 생활할 수 있도록 돕는 공공 부조가 확대되어야 한다.

09 다음 표는 서울의 미세먼지 월별 대기오염도 측정도를 나타낸 것이다. 이에 대한 설명으로 옳지 않은 것은?

미세먼지 월별 대기오염도

(단위 : μg/m³)

구분	2019년 5월	2019년 6월	2019년 7월	2019년 8월	2019년 9월
중구	54	33	31	20	31
강남구	62	43	35	22	33
영등포구	71	46	37	26	41
성동구	74	44	30	22	36
양천구	53	41	21	24	32

① 성동구는 6월 미세먼지의 대기오염도가 8월의 2배이다.
② 5월부터 7월까지는 미세먼지의 대기오염도가 감소하고 있다.
③ 모든 구에서 8월의 미세먼지의 대기오염도가 가장 낮다.
④ 7월에는 영등포구의 미세먼지의 대기오염도가 가장 높다.

정답해설 양천구는 8월(24)보다 7월(21)의 미세먼지의 대기오염도가 더 낮다.

10 다음 표는 소비자물가지수를 나타낸 것이다. 2020년 소비자물가상승률은 얼마인가? (단, 소수점 둘째자리에서 반올림함)

소비자물가지수

(단위 : %)

구분	2014년	2015년	2016년	2017년	2018년	2019년	2020년
소비자물가지수	94.7	96.8	98.0	99.3	100.0	101.0	102.9

※ 소비자물가지수는 2018년=100을 기준으로 함
※ 소비자물가상승률 = {(금년도 소비자물가지수÷전년도 소비자물가지수)−1}×100

① 1.9%
② 2.0%
③ 2.1%
④ 2.2%

정답해설 2020년 소비자물가상승률 = {(102.9÷101.0)−1}×100 ≒ 1.9%

2. 응용수리력

기출유형분석 문제풀이 시간 : 30초

▶ 농도가 6%인 식염수 100g에 12%의 식염수 몇 g을 넣으면 8%의 식염수를 만들 수 있는가?

① 50g
② 70g
③ 100g
④ 20g

정답해설 농도가 6%인 식염수 100g에 들어있는 식염의 양 : $\frac{6}{100} \times 100 = 6(g)$

12% 식염수의 양을 x라 하면,

12% 식염수에 들어있는 식염의 양 : $\frac{12}{100} \times x(g)$

$\therefore \frac{6 + \left(\frac{12}{100}\right)}{100 + x} \times 100 = 8(\%)$, $x = 50g$

핵심정리
- 농도에 관한 공식
    - 식염수의 농도 $= \frac{식염의\ 양}{식염수의\ 양} \times 100$
    - 식염의 양 $= \frac{식염수의\ 농도}{100} \times 식염수의\ 양$
    - 식염수의 양 = 식염의 양 + 물의 양

정답 ①

[01~05] 다음 문제를 읽고 물음에 답하시오.

총 문항 수 : 5문항 | 총 문제풀이 시간 : 2분 55초 | 문항당 문제풀이 시간 : 35초

01 농도 14%의 소금물 300g에 물을 더 넣어 농도를 4%로 하려고 한다. 물을 얼마나 더 넣어야 하는가?

① 300g 　　　　　② 450g
③ 600g 　　　　　④ 750g

정답해설 농도가 14%인 소금물 300g에서 소금의 양 $= \dfrac{14}{100} \times 300 = 42(g)$

여기에 넣는 물의 양을 x라고 한다면

$\dfrac{42}{300+x} \times 100 = 4(\%)$

$4(300+x) = 4,200$

$\therefore x = 750(g)$

TIP 농도에 관한 공식

- 소금의 양 $=$ 소금물의 양 $\times \dfrac{농도}{100}$
- 농도 $= \dfrac{소금의 양}{소금물의 양} \times 100$

02 35% 소금물 200g에 물 50g을 첨가했을 때의 소금물의 농도는?

① 16% 　　　　　② 20%
③ 24% 　　　　　④ 28%

정답해설 35% 소금물 200g에 들어있는 소금의 양을 x라 하면

$\dfrac{x}{200} \times 100 = 35(\%)$

$\therefore x = 70(g)$

따라서 물 50g을 첨가했을 때의 소금물의 농도는 $\dfrac{70}{200+50} \times 100 = 28(\%)$

정답 01 ④ | 02 ④

03 3%의 식염수에 9%의 식염수를 섞어서 6%의 식염수 500g을 만들고자 한다. 9%의 식염수는 몇 g 필요한가?

① 100g ② 150g
③ 200g ④ 250g

> **정답해설** 3%의 식염수 : x, 9%의 식염수 : y
> $x+y=500$ … ㉠
> $\frac{3}{100}x+\frac{9}{100}y=\frac{6}{100}\times 500$, $x+3y=1,000$ … ㉡
> ㉠과 ㉡을 연립해서 풀면 $x=250, y=250$
> ∴ 9%의 식염수의 양은 250g이다.

04 농도 4%의 소금물 xg과 10%의 소금물 250g을 섞은 후 증발시켜 200g을 만들었더니 농도가 15%가 되었다고 할 때, x의 값은?

① 120g ② 125g
③ 130g ④ 135g

> **정답해설** 농도 10%의 소금물 안에 들어있는 소금의 양을 a라 하면
> $\frac{a}{250}\times 100=10$, $a=25(g)$
> 농도 4%의 소금물 안에 들어있는 소금의 양을 b라 하면
> $\frac{25+b}{200}\times 100=15$, $b=5(g)$
> ∴ $\frac{5}{x}\times 100=4$, $x=125(g)$

판단력 · 응용수리력

05 12%의 소금물 200g에서 한 컵을 떠낸 후 다시 떠낸 양만큼 물을 붓고, 여기에 9%의 소금물을 조금 더 넣어서 10%의 소금물 300g을 얻었다. 떠낸 소금물의 양은 얼마인가?

① 24g
② 25g
③ 26g
④ 28g

정답해설

12%의 소금물 200g에 들어있는 소금의 양 : $\frac{12}{100} \times 200 = 24(g)$

떠낸 소금물의 양을 xg이라 할 때 소금의 양 : $\frac{12x}{100}$

12%의 소금물 200g에 남아있는 소금의 양 : $24 - \frac{12x}{100}$

(다시 떠낸 양만큼 물을 넣기 때문에 소금의 양은 변함이 없다.)

9%의 소금물 100g을 추가로 넣었을 때 소금의 양 : $\left(24 - \frac{12x}{100}\right) + 9$

이는 10%의 소금물 300g에서 소금의 양과 같으므로

$\left(24 - \frac{12x}{100}\right) + 9 = \frac{10}{100} \times 300$

$24 - \frac{12x}{100} = 21$, $\frac{12x}{100} = 3$, $x = 25$

∴ 퍼낸 소금물의 양은 25g이다.

소요시간		채점결과	
목표시간	2분 30초	총 문항수	5문항
실제 소요시간	( )분( )초	맞은 문항 수	( )문항
초과시간	( )분( )초	틀린 문항 수	( )문항

정답 03 ④ | 04 ② | 05 ②

기출유형분석

⏰ 문제풀이 시간 : 30초

▶ A에서 B까지 거리는 11km이다. A에서 출발하여 B로 가는데 시속 3km로 걷다가 도중에 시속 5km로 달려갔더니 3시간 만에 도착하였다. 달려간 거리를 구하시오.

① 7km ② 6km
③ 5km ④ 4km

 걸어간 거리를 $x$km, 달려간 거리를 $y$km라고 하면

$x+y=11$ … ㉠

$\dfrac{x}{3}+\dfrac{y}{5}=3$

$5x+3y=45$ … ㉡

㉠, ㉡을 연립하면 $2y=10$, $y=5$

따라서 달려간 거리는 5km이다.

 • 거리 · 속력 · 시간의 관계

- 속력 $= \dfrac{거리}{시간}$

- 거리 $=$ 속력 $\times$ 시간

- 시간 $= \dfrac{거리}{속력}$

- 평균속력 $= \dfrac{총 \; 거리}{총 \; 시간}$

정답 ③

[01~05] 다음 문제를 읽고 물음에 답하시오.

총 문항 수 : 5문항 | 총 문제풀이 시간 : 2분 30초 | 문항당 문제풀이 시간 : 30초

01 승기가 집에서 800m 떨어진 도서관을 갈 때 처음에는 분속 50m로 걷다가 나중에는 분속 200m로 뛰어갔더니 10분이 걸렸다. 승기가 걸은 거리는?

① 400m　　　　　　　　② 420m
③ 450m　　　　　　　　④ 480m

정답해설 승기가 걸은 거리를 x, 달린 거리를 y라고 하면
$x+y=800$ … ㉠
시간 = $\dfrac{거리}{속력}$ 이므로,
$\dfrac{x}{50}+\dfrac{y}{200}=10$ … ㉡
㉠과 ㉡을 연립하여 풀면
$x+y=800$
$4x+y=2,000$
$\therefore x=400(\mathrm{m}), y=400(\mathrm{m})$

이 문제 중요!

02 화물열차가 일정한 속력으로 달려 기차역을 완전히 통과하는 데 5초가 걸리고, 길이가 160m인 터널을 완전히 지나는 데 13초가 걸린다고 한다. 이 화물열차의 길이는?

① 70m　　　　　　　　② 80m
③ 90m　　　　　　　　④ 100m

속력 = $\frac{거리}{시간}$

화물열차가 일정한 속력으로 달린다고 하였으므로, 화물열차의 길이를 x라 하면

$\frac{x}{5} = \frac{160+x}{13}$, $800 + 5x = 13x$

∴ $x = 100(\text{m})$

03 A씨는 집에서 회사까지 2km/h로 출근을 하고, 퇴근 후 회사에서 다시 그보다 5km가 먼 학원을 3km/h로 걸어 총 5시간을 걸었다. 집·회사·학원이 일직선상에 있다고 할 때, 집에서 학원까지의 거리는?

① 9km ② 11km
③ 13km ④ 15km

집에서 회사까지의 거리 : x
회사에서 학원까지의 거리 : $x+5$

$\frac{x}{2} + \frac{x+5}{3} = 5$

$\frac{3x + 2x + 10}{6} = 5$

$5x + 10 = 30$

$x = 4(\text{km})$

∴ 집에서 학원까지의 거리 : $x + x + 5 = 2x + 5 = 13(\text{km})$

04 길이가 900m인 화물열차가 어느 터널을 통과하는데 44초가 걸렸고, 길이가 420m인 특급열차가 이 터널을 화물열차의 2배의 속력으로 완전히 통과하는데 16초가 걸렸다. 이때 특급열차의 속력은?

① 50m/s ② 60m/s
③ 70m/s ④ 80m/s

정답해설 터널의 길이를 xm, 화물열차의 속력을 ym/s라 하면

$\dfrac{x+900}{y}=44$, $x-44y=-900$ … ㉠

$\dfrac{x+420}{2y}=16$, $x-32y=-420$ … ㉡

㉠, ㉡을 연립하면 $y=40$
화물열차의 속력은 40m/s이므로
특급열차의 속력은 $40\times2=80$m/s

05

정혁이는 앞산을 올라갈 때는 시속 2km, 내려올 때에는 같은 코스를 시속 3km의 속력으로 내려왔더니 2시간 30분이 걸렸다. 앞산을 올라간 거리는 얼마인가?

① 1km ② 2km
③ 3km ④ 4km

정답해설 올라갈 때와 내려올 때의 코스가 같으므로 올라간 거리를 x라 하면 내려온 거리도 x가 된다.

시간 = $\dfrac{거리}{속력}$ 이므로

$\dfrac{5}{2}=\dfrac{x}{2}+\dfrac{x}{3}$

$15=3x+2x$, $5x=15$

∴ $x=3$(km)

소요시간		채점결과	
목표시간	2분 30초	총 문항수	5문항
실제 소요시간	( )분 ( )초	맞은 문항 수	( )문항
초과시간	( )분 ( )초	틀린 문항 수	( )문항

정답 03 ③ | 04 ④ | 05 ③

기출유형분석

🕐 문제풀이 시간 : 30초

▶ 원가가 400원인 공책이 있다. 이 공책을 정가의 20%를 할인해서 팔아도 8%의 이익을 남게 하기 위해서는 원가에 몇 %의 이익을 붙여 정가를 정해야 하는가?

① 32% ② 35%
③ 37% ④ 42%

정답해설
원가에 x% 이익을 붙여 정가를 정하면
정가 : $400(1+x)$
$400(1+x)(1-0.2)=400(1+0.08)$
$320+320x=432$
$320x=112$
$x=0.35$
∴ 원가에 35%의 이익을 붙여서 정가를 정해야 한다.

정답 ②

[01~05] 다음 문제를 읽고 물음에 답하시오.

총 문항 수 : 5문항 | 총 문제풀이 시간 : 2분 30초 | 문항당 문제풀이 시간 : 30초

01 어느 회사에서는 두 종류의 물건 A, B를 생산하고 있다. 지난달에 생산한 물건의 개수는 모두 합하여 1300개였는데, 이번 달에는 A는 6%, B는 4% 더 생산하여 지난달보다 60개를 더 생산하려고 한다. 지난달에 생산한 물건 A의 개수는?

① 200개 ② 300개
③ 400개 ④ 500개

정답해설
지난달에 생산한 물건 A, B의 개수를 각각 x, y라 하면
$x+y=1300$ … ㉠

더 생산하려는 물건의 개수는 각각 $0.06x$, $0.04y$이므로
$0.06x+0.04y=60$ … ㉡
㉠, ㉡을 연립하면 $x=400$
따라서 지난달에 생산한 물건 A의 개수는 400개이다.

02 어느 회사의 작년의 직원 수는 605명이었지만, 올해에는 남직원이 8% 감소하고, 여직원이 15% 증가하여 621명이 되었다. 올해의 여직원 수는 몇 명인가?

① 312명 ② 322명
③ 332명 ④ 342명

작년의 남직원 수를 x명, 여직원 수를 y명이라 하면
$x+y=605$ … ㉠
$-0.08x+0.15y=621-605$
$-8x+15y=1600$ … ㉡
㉠, ㉡을 연립하면 $y=280$
따라서 올해 여직원의 수는 $280 \times 1.15 = 322$(명)이다.

03 장난감 매장에서 원가 2만 원짜리 장난감에, 이윤을 20% 추가하여 정가로 하였다가 오랫동안 팔리지 않아 정가의 30%를 깎아 팔았다. 이 장난감의 가격은?

① 13,200원　　② 14,400원
③ 15,600원　　④ 16,800원

정가 : $20,000(1+0.2)=24,000$
따라서 24,000(원)의 30%를 깎았으므로
∴ $24,000(1-0.3)=16,800$(원)

04 A고등학교에서는 정원을 줄이려고 신입생 수를 매해 10%씩 감소시켜왔다. 올해 신입생이 567명이라면 1학년부터 3학년까지 총 재학생은 몇 명인가?

① 1832명　　② 1856명
③ 1857명　　④ 1897명

3학년생 수를 x라 하면,
$x \times 0.9 \times 0.9 = 567$, $x=700$(명)
2학년생 수 : $700 \times 0.9 = 630$(명)
∴ 총 재학생 수는 $700+630+567=1897$(명)

판단력 · 응용수리력

📢 **이 문제 중요!**

05 보험 설계사인 세리와 승준이의 이번 달 신규계약건수가 지난 달에 비해 세리는 20% 증가, 승준이는 30% 감소했고, 두 사람이 합해서 10% 감소했다. 이번 달에 승준이의 계약건수가 21건이라면 지난 달 두 사람의 계약건수의 합은 얼마인가?

① 20건 ② 30건
③ 40건 ④ 50건

정답해설
지난 달 세리의 계약건수를 x, 지난 달 승준이의 계약건수를 y라 하면,
$0.7 \times y = 21$
$1.2 \times x + 0.7 \times y = 0.9(x+y)$
$x = 20, y = 30$
∴ 지난달 계약건수의 합은 50건이다.

소요시간		채점결과	
목표시간	2분 30초	총 문항수	5문항
실제 소요시간	( )분( )초	맞은 문항 수	( )문항
초과시간	( )분( )초	틀린 문항 수	( )문항

정답 03 ④ | 04 ④ | 05 ④

기출유형분석

⏰ 문제풀이 시간 : 30초

▶ A는 5시간, B는 7시간 걸리는 일이 있다. 이 일을 A, B가 협력해서 한다면 얼마나 걸리겠는가?

① 2시간
② 2시간 35분
③ 2시간 55분
④ 3시간

정답해설

A의 시간당 작업량 $=\frac{1}{5}$, B의 시간당 작업량 $=\frac{1}{7}$

2명이 했을 때 걸리는 시간 $= 1 \div \left(\frac{1}{5} + \frac{1}{7}\right) = 1 \div \frac{12}{35} = \frac{35}{12}$

$\frac{35}{12} = 2 + \frac{11}{12} = 2 + \frac{55}{60}$

∴ 2시간 55분

핵심정리

• 일의 양

전체 일의 양 또는 부피를 1이라 하면 다음의 공식이 성립한다.

- 작업속도 $= \dfrac{1}{\text{걸리는 시간}}$

- 걸리는 시간 $= \dfrac{\text{일의 양}(=1)}{\text{작업속도}}$

정답 ③

[01~05] 다음 문제를 읽고 물음에 답하시오.

총 문항 수 : 5문항 | 총 문제풀이 시간 : 2분 30초 | 문항당 문제풀이 시간 : 30초

01 어떤 작업을 하는 데 단이는 15시간, 은동이는 9시간이 걸린다고 한다. 이 작업을 단이와 은동이가 3시간 동안 같이 하다가 은동이가 혼자 일을 하게 되었다. 이 작업을 완성하기 위해 은동이 혼자 일해야 하는 시간은?

① 3시간 12분
② 3시간 15분
③ 4시간 12분
④ 4시간 15분

> 정답
> 해설

전체 일의 양을 1이라 하면

단이의 시간당 작업량 : $\frac{1}{15}$, 은동이의 시간당 작업량 : $\frac{1}{9}$

은동이가 혼자서 일한 시간 : x

$\frac{3}{15} + \frac{3+x}{9} = 1$

$9 + 15 + 5x = 45$

$\therefore x = 4.2$시간 $= 4$시간 12분

02 3명이 하면 32시간이 걸리는 작업을 8시간에 끝마치려고 한다. 몇 명의 사람이 더 필요한가?

① 8명 ② 9명
③ 10명 ④ 11명

> 정답
> 해설

작업시간을 $\frac{8}{32} = \frac{1}{4}$로 단축시켜야 하므로 필요한 사람은 4배, 즉 $3 \times 4 = 12$(명)으로 늘려야 한다.

$\therefore$ 추가로 필요한 사람 수 $= 12 - 3 = 9$(명)

03 물통에 물을 채우려고 한다. A호스로 4시간 채우고, 나머지를 B호스로 2시간 채우면 가득 채울 수 있고, A호스로 2시간 채우고, 나머지를 B호스로 3시간 채우면 가득 채울 수 있다고 한다. B호스로만 물통을 가득 채우려면 몇 시간이 걸리는가?

① 4시간 ② 5시간
③ 6시간 ④ 7시간

정답해설
물통에 물이 가득 찼을 때의 물의 양을 1이라고 하면
A호스와 B호스로 1시간 동안 채울 수 있는 물의 양을 각각 x, y라 하면
$4x+2y=1$
$2x+3y=1$
$x=\dfrac{1}{8}$, $y=\dfrac{1}{4}$
따라서 B호스로만 물통을 가득 채우려면 4시간 걸린다.

04 어떤 물통에 물을 가득 채우는 데 A관은 10분, B관은 15분이 걸린다. A관과 B관을 동시에 틀면 몇 분 만에 물통에 물이 가득 차는가?

① 3분 ② 4분
③ 5분 ④ 6분

정답해설
물통에 물이 가득 찬 상태를 1이라 하면, A관은 1분 동안 $\dfrac{1}{10}$, B관은 $\dfrac{1}{15}$을 채운다.
물통에 물이 가득 차는 데 걸린 시간을 x라 하면,
$\left(\dfrac{1}{10}+\dfrac{1}{15}\right)x=1$
$\dfrac{5}{30}x=1$
$\therefore x=6$(분)

05

A는 10일, B는 20일 걸리는 일이 있다. 둘은 공동작업으로 일을 시작했으나, 도중에 A가 쉬었기 때문에 끝마치는 데 16일 걸렸다. A가 쉰 기간은 며칠인가?

① 10일
② 12일
③ 14일
④ 16일

정답해설

A의 1일 일량 : $\frac{1}{10}$, B의 1일 일량 : $\frac{1}{20}$

B가 일한 날 수 : 16일, B의 총 일량 : $\frac{1}{20} \times 16 = \frac{4}{5}$

A의 일한 날 수 : $\left(1 - \frac{4}{5}\right) \div \frac{1}{10} = 2$(일)

∴ A가 쉰 날 수 : 16 − 2 = 14(일)

소요시간		채점결과	
목표시간	2분 30초	총 문항수	5문항
실제 소요시간	( )분 ( )초	맞은 문항 수	( )문항
초과시간	( )분 ( )초	틀린 문항 수	( )문항

정답 03 ① | 04 ④ | 05 ③

기출유형분석

⏰ 문제풀이 시간 : 30초

▶ 자판기에서 수금한 동전의 총 개수가 257개이다. 50원짜리 동전은 10원짜리 동전보다 15개가 적고, 100원짜리 동전은 10원짜리 동전보다 22개가 많으며, 500원짜리 동전의 합계금액은 12,500원이다. 50원짜리 동전의 합계 금액은?

① 2,000원　　　　　　　　　② 3,000원
③ 4,000원　　　　　　　　　④ 5,000원

정답해설
10원짜리 동전의 개수를 x(개)라 할 때, 나머지 동전의 개수는 다음과 같다.
50원짜리 동전의 개수 : $x-15$(개)
100원짜리 동전의 개수 : $x+22$(개)
500원짜리 동전의 개수 : $12,500 \div 500 = 25$(개)
동전의 총 개수가 257개이므로, $257 = x + x - 15 + x + 22 + 25$, $x = 75$(개)
따라서 50원짜리 동전의 개수는 $75 - 15 = 60$(개)이며, 합계 금액은 $50 \times 60 = 3,000$(원)이다.

정답 ②

[01~06] 다음 문제를 읽고 물음에 답하시오.

총 문항 수 : 6문항 | 총 문제풀이 시간 : 3분 | 문항당 문제풀이 시간 : 30초

01　12명이 5개씩 귤을 나누면 7개가 부족하다고 할 때, 8명이 3개씩 나누어 가질 경우 남는 귤의 수는?

① 17개　　　　　　　　　② 22개
③ 25개　　　　　　　　　④ 29개

 12명이 5개씩 귤을 나누면 7개가 부족하므로 귤의 개수는 $12 \times 5 - 7 = 53$(개)이다.
8명이 3개씩 나누어 가지면 $8 \times 3 = 24$(개)의 귤이 필요하므로
∴ 남는 귤의 수는 $53 - 24 = 29$(개)이다.

판단력·응용수리력

02 과수원에서 딴 사과가 150개 있다. 사과를 5개씩 넣은 상자와 7개씩 넣은 상자를 묶으면 24상자가 되고 사과 2개가 남는다. 사과 7개가 들어간 상자의 수는?

① 11상자 ② 12상자
③ 13상자 ④ 14상자

정답해설
사과 5개를 넣은 상자 : x
사과 7개를 넣은 상자 : y
$x+y=24$(상자) … ㉠
$5x+7y=150-2$, $5x+7y=148$ … ㉡
㉠, ㉡을 연립하여 풀면
∴ $y=14$(상자)

03 150원짜리 우표와 200원짜리 우표를 합해서 21장을 사고, 4,000원을 냈는데 200원의 잔돈을 거슬러 받았다. 150원짜리 우표의 수는?

① 6장 ② 8장
③ 10장 ④ 12장

정답해설
150원짜리 우표 : x, 200원짜리 우표 : y
$x+y=21$(장)
$150x+200y=4,000-200$, $150x+200y=3,800$(원)
$y=21-x$를 $150x+200y=3,800$에 대입하여 풀면,
$150x+200(21-x)=3,800$(원)
$150x+4,200-200x=3,800$(원)
∴ $x=8$(장)

정답 01 ④ | 02 ④ | 03 ②

04 현재 어머니와 딸의 나이를 합하면 64세이다. 8년 전에 어머니의 나이가 딸 나이의 3배였다고 하면, 현재 딸의 나이는 몇 세인가?

① 14세 ② 16세
③ 20세 ④ 24세

현재 딸의 나이 : x, 현재 어머니의 나이 : y
$x+y=64$ … ㉠
$y-8=3(x-8), y=3x-16$ … ㉡
㉠, ㉡을 연립하여 풀면
$x+3x-16=64, 4x=80$
∴ $x=20$(세)

05 연속하는 세 짝수의 합이 114일 때, 가장 작은 짝수는?

① 36 ② 38
③ 40 ④ 42

연속하는 세 짝수를 $x, x+2, x+4$라 하면
$x+(x+2)+(x+4)=114$
$3x=108$
∴ $x=36$

판단력 : 응용수리력

06
어느 공원에 있는 산책로의 길이는 320m이며, 이 길가의 좌우 양쪽에 4m 간격으로 나무를 심으려고 한다. 길의 양 끝에도 나무를 심는다고 하면 몇 그루의 나무가 필요한가?

① 162그루 ② 172그루
③ 184그루 ④ 194그루

정답해설
길가의 양 끝에도 심으므로, $320 \div 4 + 1 = 81$(그루)
좌우 양쪽에 심으므로, $81 \times 2 = 162$(그루)
∴ 162(그루)

소요시간		채점결과	
목표시간	3분	총 문항수	6문항
실제 소요시간	( )분 ( )초	맞은 문항 수	( )문항
초과시간	( )분 ( )초	틀린 문항 수	( )문항

정답 04 ③ | 05 ① | 06 ①

기출유형분석

▶ 시계바늘이 5시 36분을 가리킬 때, 시침과 분침이 이루는 각은 몇 도인가?

① 46° ② 48°
③ 49° ④ 50°

정답해설
1분에 시침은 0.5°씩 움직이고, 분침은 6°씩 움직인다.
따라서 5시 36분의 시침은 $5 \times 30° + 36 \times 0.5° = 150° + 18° = 168°$
분침은 $36 \times 6° = 216°$
∴ $216° - 168° = 48°$

정답 ②

[01~02] 다음 문제를 읽고 물음에 답하시오.

총 문항 수 : 2문항 | 총 문제풀이 시간 : 1분 | 문항당 문제풀이 시간 : 30초

01 5시와 6시 사이에 시침과 분침이 겹치는 시각은?

① 5시 25분
② 5시 $25\frac{4}{11}$분
③ 5시 27분
④ 5시 $27\frac{3}{11}$분

정답해설
시침 : $(30 \times 5) + 0.5x$
분침 : $6x$
$150 + 0.5x = 6x$
$x = \frac{300}{11} = 27\frac{3}{11}$
∴ 5시 $27\frac{3}{11}$분

02 어느 직장인은 매일 출근 1시간 15분 전에 일어나 10분간 신문을 보고, 15분간 세수를 하며, 20분간 식사를 한 후 출근을 위해 집에서 나선다. 회사의 출근 시간이 오전 10시라면 집에서 출발한 시간의 시침과 분침의 각도는 얼마인가?

① 105°
② 115°
③ 125°
④ 135°

정답해설

집에서 출발한 시간 : 10시 − 1시간 15분 + 10분 + 15분 + 20분 = 9시 30분
각 시간의 각도 : 360 ÷ 12 = 30°
시침이 움직인 각도 : 30 × 9 + 30 × 0.5° = 270 + 15 = 285°
분침이 움직인 각도 : 30 × 6° = 180°
∴ 285° − 180° = 105°

소요시간		채점결과	
목표시간	1분	총 문항수	2문항
실제 소요시간	(　)분(　)초	맞은 문항 수	(　)문항
초과시간	(　)분(　)초	틀린 문항 수	(　)문항

정답 01 ④ | 02 ①

기출유형분석

⏰ 문제풀이 시간 : 30초

▶ 여섯 개의 숫자 0, 1, 2, 3, 4, 5에서 서로 다른 세 가지 숫자를 사용하여 만든 세 자리의 자연수 중 5의 배수는 모두 몇 개인가?

① 28　　　　　　　　　　② 32
③ 36　　　　　　　　　　④ 40

(i) 일의 자리가 0인 경우
　　백의 자리에 1, 2, 3, 4, 5의 5가지가 올 수 있고, 십의 자리에는 백의 자리의 수를 제외한 4가지가 올 수 있으므로 $5 \times 4 = 20$
(ii) 일의 자리가 5인 경우
　　백의 자리에 1, 2, 3, 4의 4가지가 올 수 있고, 십의 자리에는 백의 자리의 수를 제외한 3가지와 0까지 4가지가 올 수 있으므로 $4 \times 4 = 16$
(i), (ii)에서 $20 + 16 = 36$(개)

정답 ③

[01~06] 다음 문제를 읽고 물음에 답하시오.

총 문항 수 : 6문항 | 총 문제풀이 시간 : 3분 | 문항당 문제풀이 시간 : 30초

01　6개의 문자 a, a, b, b, c, c를 일렬로 배열할 때, a, a는 이웃하지 않도록 배열하는 경우의 수를 구하면?

① 45　　　　　　　　　　② 50
③ 55　　　　　　　　　　④ 60

 6개의 문자 a, a, b, b, c, c를 일렬로 배열하는 경우의 수는

$$\frac{6!}{2!2!2!} = \frac{6 \times 5 \times 4 \times 3 \times 2}{2 \times 2 \times 2} = 90$$

a, a를 한 문자 A로 보고 A, b, b, c, c를 일렬로 배열하는 경우의 수는

$$\frac{5!}{2!2!} = \frac{5 \times 4 \times 3 \times 2}{2 \times 2} = 30$$

따라서 구하는 경우의 수는 $90 - 30 = 60$

02 한 개의 주사위를 세 번 던질 때, 나오는 눈이 모두 홀수일 확률은?

① $\frac{1}{3}$　　　　　　　② $\frac{1}{6}$

③ $\frac{1}{8}$　　　　　　　④ $\frac{1}{12}$

정답해설 주사위를 던질 때 홀수가 나올 확률은 $\frac{1}{2}$이다.

∴ 세 번을 던져 모두 홀수가 나올 확률 $= \frac{1}{2} \times \frac{1}{2} \times \frac{1}{2} = \frac{1}{8}$

이 문제 중요★

03 A 주머니에는 빨간 펜 3자루, 파란 펜 2자루가 들어 있고, B 주머니에는 빨간 펜 4자루, 파란 펜 2자루가 들어 있다. 주머니 하나를 임의로 택하여 펜 2자루를 꺼냈더니 모두 빨간색이었을 때, 그것이 B 주머니에서 나왔을 확률은?

① $\frac{2}{7}$　　　　　　　② $\frac{3}{7}$

③ $\frac{4}{7}$　　　　　　　④ $\frac{5}{7}$

정답해설 (i) A 주머니에서 빨간 펜 2자루를 꺼낼 확률

$$\frac{{}_3C_2}{{}_5C_2} = \frac{3}{10}$$

(ii) B 주머니에서 빨간 펜 2자루를 꺼낼 확률

정답 01 ④ | 02 ③ | 03 ③

$$\frac{{}_4C_2}{{}_6C_2} = \frac{2}{5}$$

따라서 구하는 확률은 $\dfrac{\frac{2}{5}}{\frac{3}{10}+\frac{2}{5}} = \dfrac{4}{7}$

04 1에서 14까지의 숫자가 적힌 14장의 카드에서 임의로 한 장을 뽑을 때, 그 카드의 숫자가 2 또는 3의 배수일 확률은 얼마인가?

① $\dfrac{3}{14}$ ② $\dfrac{9}{14}$

③ $\dfrac{11}{14}$ ④ $\dfrac{13}{14}$

정답해설 1에서 14까지 쓰인 14장의 카드 중에서
m(2의 배수가 쓰인 카드)=7이고
n(3의 배수가 쓰인 카드)=4이다.
또한, r(2와 3의 공배수가 쓰인 카드)=2이므로
$$\frac{7}{14} + \frac{4}{14} - \frac{2}{14} = \frac{9}{14}$$
$\therefore \dfrac{9}{14}$

05 접시에 김밥과 유부초밥이 32개 있다. 유부초밥의 개수가 김밥의 $\dfrac{3}{5}$개 일 때, 유부초밥을 2번 연속으로 먹을 확률은?

① $\dfrac{33}{248}$ ② $\dfrac{33}{256}$

③ $\dfrac{95}{248}$ ④ $\dfrac{95}{256}$

정답해설 김밥 : x, 유부초밥 : y

$x+y=32$, $0.6x=y$

$x=20$, $y=12$

유부초밥을 두 번 연속으로 먹을 확률이므로

$\therefore \dfrac{12}{32} \times \dfrac{11}{31} = \dfrac{33}{248}$

 이문제중요★

06 4문제 중 3문제 이상을 맞히면 합격하는 시험이 있다. 3문제 중 2문제의 비율로 문제를 맞히는 학생이 이 시험에서 합격할 확률은?

① $\dfrac{16}{27}$ ② $\dfrac{17}{27}$

③ $\dfrac{2}{3}$ ④ $\dfrac{19}{27}$

정답해설 3문제를 맞힐 확률은 $_4C_3 \left(\dfrac{2}{3}\right)^3 \left(\dfrac{1}{3}\right)^1 = \dfrac{32}{81}$

4문제를 맞힐 확률은 $_4C_4 \left(\dfrac{2}{3}\right)^4 \left(\dfrac{1}{3}\right)^0 = \dfrac{16}{81}$

$\therefore \dfrac{32}{81} + \dfrac{16}{81} = \dfrac{48}{81} = \dfrac{16}{27}$

소요시간		채점결과	
목표시간	3분	총 문항수	6문항
실제 소요시간	( )분( )초	맞은 문항 수	( )문항
초과시간	( )분( )초	틀린 문항 수	( )문항

정답 04 ② | 05 ① | 06 ①

3일 벼락치기

3DAY

인문계 · 이공계

1. 단어연상력(인문계)
2. 직무해결력(인문계)
3. 수추리력(이공계)
4. 도식추리력(이공계)

3DAY 인문계 · 이공계

1. 단어연상력(인문계)

기출유형분석

문제풀이 시간 : 30초

▶ 다음 제시된 9개의 단어 중 3개의 단어를 통해 공통적으로 연상되는 단어를 고르시오.

위화도 회군	성종	청동기
피리	장구	옥저
함흥차사	고인돌	한양

① 고종 ② 사물놀이
③ 신석기 ④ 이성계

 위화도 회군, 함흥차사, 한양을 통해 조선의 제 1대 왕인 태조 '이성계'를 연상할 수 있다. 위화도 회군은 1388년 요동정벌을 위해 출정한 이성계가 위화도에서 회군한 사건이다. 함흥차사는 두 차례의 왕자의 난을 겪고 함흥으로 떠난 아버지 이성계의 노여움을 풀고자 태종이 함흥으로 사신을 여러 차례 보냈으나, 이성계는 그 사신들을 죽이거나 가두어 돌려보내지 아니하여 한번 가면 오지 아니한다는 데에서 나온 성어이다. 이성계는 조선을 세운 후 도읍을 한양으로 옮겨 초기 국가의 기틀을 다졌다.

정답 ④

인문계·이공계

[01~25] 다음 제시된 9개의 단어 중 3개의 단어를 통해 공통적으로 연상되는 단어를 고르시오.

총 문항 수 : 25문항 | 총 문제풀이 시간 : 12분 30초 | 문항당 문제풀이 시간 : 30초

01

고종	벼	추석
권율	은행	이순신
담배	김시민	선조

① 동전
② 계유정난
③ 커피
④ 임진왜란

정답해설 권율, 이순신, 김시민을 통해 '임진왜란'을 연상할 수 있다. 임진왜란 당시 권율은 행주대첩, 이순신은 한산도대첩, 김시민은 진주대첩에서 승리한 장수이며, 세 전투는 임진왜란 3대첩으로 불린다.

02

견우	허난설헌	구름
심청전	서동요	안민가
도솔가	봄비	호박

① 직녀
② 균여전
③ 삼국유사
④ 지폐

정답해설 서동요, 도솔가, 안민가를 통해 '삼국유사'를 연상할 수 있다. 서동요, 도솔가, 안민가는 모두 삼국유사에 현존하는 향가작품이다.

정답 01 ④ | 02 ③

03

음식	옷	나이
인터넷	산책	사진
침대	마음	무선

① 먹다　　　　　② 걷다
③ 자다　　　　　④ 입다

 음식, 마음, 나이를 통해 '먹다'를 연상할 수 있다.
음식을 먹다 : 음식물을 입으로 씹거나 하여 배 속으로 들여보내다.
마음을 먹다 : 사람이 어떤 생각이나 감정을 마음속으로 가지다.
나이를 먹다 : 사람이 나이를 더하여 보태다.

04

공무원	식물	도서관
집게	범인	숫자
국민	책	소방서

① 서점　　　　　② 경찰
③ 동물　　　　　④ 비행기

 범인, 국민, 공무원을 통해 '경찰'을 연상할 수 있다.

05

에페	괴테	마스터즈대회
푸싱	플뢰레	사브르
US오픈	홀딩	파우스트

① 펜싱　　　　　　② 봅슬레이
③ 골프　　　　　　④ 컬링

정답해설 플뢰레, 에페, 사브르를 통해 '펜싱'을 연상할 수 있다.

06

에펠탑	프라하	버킹엄 궁전
홍차	자유의 여신상	안경
금문교	나폴레옹	빅벤

① 미국　　　　　　② 영국
③ 프랑스　　　　　④ 러시아

정답해설 홍차, 빅벤, 버킹엄 궁전을 통해 '영국'을 연상할 수 있다.

정답 03 ① | 04 ② | 05 ① | 06 ②

07

케이크	바나나	나이프
돌잔치	생일	포크
원숭이	장미	결혼

① 거울 ② 사과
③ 나무 ④ 초대

> 생일, 결혼, 돌잔치를 통해 '초대'를 연상할 수 있다.

08

돼지	바늘	현금
상추	금	가을
여름	사탕	종이

① 책 ② 쌈
③ 돈 ④ 실

> 금, 돼지, 현금을 통해 '돈'을 연상할 수 있다.

09

나그네	향수	자화상
귀촉도	외인촌	사슴
국화 옆에서	목계 장터	고향

① 서정주 ② 박목월
③ 신경림 ④ 노천명

정답해설 귀촉도, 국화 옆에서, 자화상을 통해 '서정주'를 연상할 수 있다.

10

포인트	입원	예금
신데렐라	카드	빗자루
의사	모니터	현금

① 퇴원 ② 계산
③ 적금 ④ 청소

정답해설 카드, 현금, 포인트를 통해 '계산'을 연상할 수 있다.

정답 07 ④ | 08 ③ | 09 ① | 10 ②

11

눈	개나리	개미
나무	동물원	동백꽃
목도리	샤프	목걸이

① 꿀 ② 바다
③ 겨울 ④ 귀걸이

> 눈, 목도리, 동백꽃을 통해 '겨울'을 연상할 수 있다.

12

선녀	도끼	버섯
강아지	구두	유리
연못	태양	나무꾼

① 바람 ② 마녀
③ 산신령 ④ 호랑이

> 도끼, 나무꾼, 연못을 통해 전래동화 '금도끼 은도끼'의 '산신령'을 연상할 수 있다.

13

자동차	여권	비행기
카메라	라디오	주민등록증
운전면허증	경운기	동사무소

① 렌즈 ② 도장
③ 신분증 ④ 자전거

> **정답해설** 여권, 운전면허증, 주민등록증을 통해 '신분증'을 연상할 수 있다.

14

메밀	독도	유채꽃
떡볶이	곶감	김밥
제주도	물	평양

① 두부 ② 냉면
③ 코뿔소 ④ 해바라기

> **정답해설** 평양, 메밀, 물을 통해 '냉면'을 연상할 수 있다.

정답 11 ③ | 12 ③ | 13 ③ | 14 ②

15

수레바퀴 밑에서	싯다르타	유리알 유희
노인과 바다	무기여 잘 있거라	나쁜 녀석들
죽음의 수용소에서	조서	홍수

① 헤밍웨이　　　　　② 헤르만 헤세
③ 마이클 베이　　　　④ 르 클레지오

정답해설 수레바퀴 밑에서, 싯다르타, 유리알 유희는 독일의 시인이자 소설가인 '헤르만 헤세'의 작품이다.

이 문제 중요!
16

그림	삭제	종교
바둑	도로	영화
소수	미국	고양이

① 점　　　　　　　　② 말
③ 소　　　　　　　　④ 개

정답해설 그림, 바둑, 소수를 통해 '점'을 연상할 수 있다. 바둑에서 수가 낮은 사람이 더 놓는 돌이나 따낸 돌을 세는 단위, 그림, 옷 따위를 세는 단위, 소수의 소수점을 이르는 말로 '점'이 사용된다.

인문계·이공계

17

마라톤	상장	오륜기
손톱	마우스	헬멧
지도	메달	김정호

① 학용품　　　　　　　② 올림픽
③ 매니큐어　　　　　　④ 운동화

정답해설 메달, 마라톤, 오륜기를 통해 '올림픽'을 연상할 수 있다.

18

대기만성	전전반측	오매불망
구곡간장	등용문	금의환향
낙화유수	관포지교	백아절현

① 안빈낙도(安貧樂道)　　② 입신양명(立身揚名)
③ 등화가친(燈火可親)　　④ 구우일모(九牛一毛)

정답해설 대기만성, 등용문, 금의환향을 통해 '입신양명(立身揚名)'을 연상할 수 있다.
대기만성(大器晚成)은 '크게 될 사람은 늦게 이루어짐'을 이르는 사자성어이며, 등용문(登龍門)은 '출세의 관문'을 이르는 말, 금의환향(錦衣還鄕)은 '비단옷 입고 고향에 돌아온다.'는 뜻으로 출세하여 고향에 돌아옴을 의미한다. 제시된 단어들은 모두 출세 또는 성공을 뜻하는 단어들로, '출세하여 이름을 세상에 드날린다.'는 뜻을 가지고 있는 '입신양명(立身揚名)'이 이와 연관된 단어이다.

정답 15 ② | 16 ① | 17 ② | 18 ②

19

수염	외떡잎식물	대나무
강아지풀	츄러스	지느러미
인어공주	팝콘	딸기

① 거울 ② 설탕
③ 동전 ④ 옥수수

> 수염, 팝콘, 외떡잎식물을 통해 '옥수수'를 연상할 수 있다.

20

스로인(throw-in)	선발투수	돌핀 킥
봅슬레이	사이클링 히트	버디
골든골	이글	해트트릭

① 축구 ② 야구
③ 수영 ④ 골프

> 스로인(throw-in), 해트트릭, 골든골을 통해 '축구'를 연상할 수 있다.

21

참새	마늘	참기름
휴지	곰	나팔꽃
커피	가래떡	아파트

① 녹차
② 떡국
③ 무궁화
④ 방앗간

정답해설 참새, 가래떡, 참기름을 통해 '방앗간'을 연상할 수 있다.

22

시경	역경	채근담
논어	명심보감	석굴암
중용	대학	성경

① 사서(四書)
② 삼경(三經)
③ 법구경
④ 사자소학

정답해설 논어, 중용, 대학을 통해 '사서(四書)'를 연상할 수 있다.

TIP 사서(四書), 삼경(三經), 오경(五經)
　사서(四書) : 논어(論語), 맹자(孟子), 대학(大學), 중용(中庸)
　삼경(三經) : 시경(詩經), 서경(書經), 주역(周易)(=역경(易經))
　오경(五經) : 삼경(三經)외에 예기(禮記)와 춘추(春秋)가 포함됨

23

튤립	그라나다	카사블랑카
에델바이스	알프스 산맥	베른
나폴리	탕헤르	헝가리

① 스페인 ② 스위스
③ 모로코 ④ 네덜란드

> 알프스 산맥, 에델바이스, 베른을 통해 '스위스'를 연상할 수 있다.

24

이도	서희	장영실
강감찬	제왕운기	국선생전
삼국유사	한글	최충

① 성종 ② 일연
③ 공민왕 ④ 세종

> 이도, 한글, 장영실을 통해 '세종'을 연상할 수 있다.

25

굴리다	늦추다	먹다
쑤시다	끊다	걷다
뻗치다	넓다	빠지다

① 손　　　　　　② 목
③ 배　　　　　　④ 머리

정답해설 끊다, 늦추다, 뻗치다를 통해 '손'을 연상할 수 있다.
손을 끊다 : 교제나 거래 따위를 중단하다.
손을 늦추다 : 긴장을 풀고 일을 더디게 한다.
손을 뻗치다 : 이제까지 하지 아니하던 일까지 활동 범위를 넓히다.

소요시간		채점결과	
목표시간	12분 30초	총 문항수	25문항
실제 소요시간	(　)분 (　)초	맞은 문항 수	(　)문항
초과시간	(　)분 (　)초	틀린 문항 수	(　)문항

정답 23 ② | 24 ④ | 25 ①

2. 직무해결력(인문계)

> 기출유형분석　　　　　　　　　　　　⏰ 문제풀이 시간 : 1분

▶ 다음은 A팀 강대리와 박팀장의 메신저 내용이다. 둘의 대화를 통해 다음 주 전체 회의 때 사용해야 할 가장 적합한 회의실을 보기에서 고르면?

박팀장 : 안녕하세요. 영업팀 박팀장 입니다. 다음 주에 있을 전체 회의건 때문에 연락 드렸습니다.
강대리 : 네 안녕하세요. 자세하게 어떤 부분 때문에 그러세요?
박팀장 : 전체회의에 참석 인원은 총 몇 명인지 알 수 있을까요?
강대리 : 저희 마케팅팀 12명과 외부 팀 10명이 참석 가능합니다.
박팀장 : 그렇군요. 혹시 미리 준비해야 할 물품들이 있나요?
강대리 : 이번 회의가 9:00~16:00까지로 길어서 중간에 점심시간이 포함되어 있습니다. 그래서 차량을 준비해주셔야 합니다. 그리고 빔프로젝트가 있는지도 확인해주셔야 합니다.
박팀장 : 그럼 빔프로젝트 비용과 교통비도 생각해야겠네요.
강대리 : 네. 회사에서 이번 회의 관련해서 총 60만 원 까지 지원해 준다고 하던데, 그럼 회의실 대여료는 얼마정도 생각하고 계세요?
박팀장 : 식사비는 30만 원, 교통비는 12만 원, 빔프로젝트 대여료 5만 원 정도 잡으면 될 것 같습니다. 그리고 회의실에 놓을 음료와 쿠키도 조금 준비해야 하니까 그 비용은 8만 원 정도로 생각하면 나머지를 대여료로 사용해야겠네요.
강대리 : 어떤 곳은 다과 준비와 빔프로젝트를 무료로 대여해주는 회의실이 있는 걸로 알아요.
박팀장 : 아 정말요? 한 번 알아봐야겠네요.
강대리 : 혹시 또 궁금한 거 있으면 언제든지 물어보세요.
박팀장 : 네 감사합니다. 강대리님.

회의실 대관정보

회의실	수용인원	대관요금		특징
		종일	반일 (오전/오후/야간)	
A실	20	90,000	60,000	
B실	25	100,000	80,000	다과 제공 빔프로젝트 유료대여 (50,000)
C실	25	120,000	90,000	빔프로젝트 무료대여
D실	30	170,000	140,000	다과 제공 빔프로젝트 무료대여

① A실   ② B실
③ C실   ④ D실

사람의 대화를 통해 회의실이 갖춰야 할 조건이 무엇인지 정리해보면 회의실 수용인원은 총 22명이고, 9:00~16:00동안 회의를 진행하므로 종일 빌려야 하며, 빔프로젝트와 다과가 제공되는 곳일수록 좋다. 또한 회사 지원금이 60만원이고 식사비 30만원, 교통비 12만원, 빔프로젝트 대여비 5만원, 다과 준비 8만원이다.

① A실 : 수용인원이 맞지 않는다.
② B실 : 100,000(회의실)+300,000(식대)+120,000(교통비)+50,000(빔프로젝트)+0(다과)=570,000원
③ C실 : 120,000(회의실)+300,000(식대)+120,000(교통비)+0(빔프로젝트)+80,000(다과)=620,000원
④ D실 : 170,000(회의실)+300,000(식대)+120,000(교통비)+0(빔프로젝트)+0(다과)=590,000원
따라서 지원금 600,000원에 적합한 곳은 B실과 D실인데 둘 중 더 저렴한 곳은 B실이다.

정답 ②

[01~02] 아래는 A, B, C, D, E 5개 회사가 동종의 제품 시장에서 차지하는 생산량의 구성비와 생산량 변동 추이를 나타낸 것이다. 이를 토대로 다음 물음에 답하시오.

총 문항 수 : 2문항 | 총 문제풀이 시간 : 2분 | 문항당 문제풀이 시간 : 1분

2016년도 생산량 구성비

회사	A사	B사	C사	D사	E사	기타
생산량 구성비	17%	18%	12%	25%	15%	13%

생산량 지수(2016년 지수를 100으로 한 지수)

회사 연도	A사	B사	C사	D사	E사
2016	100	100	100	100	100
2017	120	130	95	125	85
2018	135	155	55	140	60
2019	125	175	70	155	40
2020	125	185	50	150	40

01 2020년도에 생산량이 가장 많은 회사와 그 생산량 구성비로 가장 알맞은 것은?

① A사, 38.25% ② B사, 33.3%
③ D사, 37.5% ④ E사, 40.0%

정답해설 2020년 생산량 구성비를 알기 위해서는 2016년도 구성비를 토대로 생산량 지수의 변동폭을 비교해 보아야 한다. 2016년도 생산량의 구성비가 큰 회사들 중에서 2020년도 생산량 지수가 많이 증가한 것은 B와 D사이다. 연도별 생산량 지수는 2016년도 지수를 100으로 한 지수이므로, B사의 2020년

생산량 구성비는 B사의 2016년 생산량 구성비에 2016년도 생산량 지수 대비 2020년 생산량 지수의 변동폭을 곱한 값이 된다. 이를 구하면,

B사의 경우 2020년도 생산량 구성비는 $18\% \times \frac{185}{100} = 33.3\%$이고 D사의 경우 $25\% \times \frac{150}{100} = 37.5\%$이다. 따라서 2020년도 생산량 구성비가 가장 큰 회사는 D회사이며, 그 구성비는 37.5%이다.

02 위의 두 표를 참고로 할 때, 다음 설명 중 옳은 것은?

① 2020년도 C사와 E사의 생산량은 같다.
② A사의 2020년도 생산량은 2019년과 같다.
③ 2016년도 5개 회사의 생산량은 같다.
④ ①~③ 어느 것도 옳지 않다.

정답해설 2020년도 생산량 구성비를 볼 때, C사의 경우 $12\% \times \frac{50}{100} = 6\%$이고 E사의 경우 $15\% \times \frac{40}{100} = 6\%$로 같다. 생산량 구성비가 같다는 것은 두 회사의 생산량이 같다고 할 수 있다.

오답해설
② A사의 경우 2019년과 2020년도 생산량 지수가 같으므로 시장에서 차지하는 생산량의 구성비는 2019년과 2020년이 같다고 할 수 있다. 그러나 생산량 구성비가 같다 하더라도 두 해의 전체 생산량이 다르다면 생산량도 다르다고 할 수 있다. A~E 5개 회사의 전체 생산량 지수의 합이 2019년도 565에서, 2020년도 550으로 다르므로, A회사가 전체 시장에서 차지하는 생산량도 다를 수 있다.
③ 5개 회사의 2016년도 생산량 구성비가 모두 다르므로, 5개 회사의 2016년도 생산량도 각기 다르다.

[03~04] 다음 제시된 자료를 보고 물음에 답하시오.

총 문항 수 : 2문항 | 총 문제풀이 시간 : 2분 | 문항당 문제풀이 시간 : 1분

2020년 스캐너 구입 대상 비교 자료

구분	A스캐너	B스캐너	C스캐너
가격	200,000원	220,000원	240,000원
스캔 속도	60장/분	80장/분	100장/분
주요 특징	• 120매 연속 스캔 • 카드 스캔 기능 • 소비전력 절약 모드 • 백지 스킵 기능 • 기울기 자동 보정 • 다양한 외관 색상 • 발열 방지 기능 • A/S 1년 보장	• 양면 스캔 가능 • 계약서 크기 스캔 • 타 제품보다 전력소모 절반 이하 • PDF문서 활용 가능 • 다양한 소프트웨어 지원 • 기울기 자동 보정 • 발열 방지 기능 • A/S 2년 보장	• 양면 스캔 가능 • 150매 연속 스캔 • 다양한 크기 스캔 • 고속 스캔 가능 • 다양한 소프트웨어 지원 • 백지 스킵 기능 • 기울기 자동 보정 • 다양한 외관 색상 • A/S 3년 보장
제조사	독일 G사	미국 S사	한국 L사

03 스캐너 구매를 담당하고 있는 P는 구입할 스캐너 기능을 확인하기 위해 사내 설문조사를 실시하였다. 조사 결과가 다음과 같을 때, P가 구매할 스캐너의 순서를 바르게 나열한 것은?(스캐너는 모두 10대를 구매할 예정이다.)

[스캐너 기능]
• 양면 스캔 기능
• 100매 이상 연속 스캔 가능
• 기울기 자동 보정 기능
• 예산 사용 범위는 2,400,000원까지 가능
• 계약서 크기의 스캔 지원
• 스캔 시간의 단축
• A/S 기간 장기(2년 이상 요망)

① A스캐너 → B스캐너 → C스캐너 ② B스캐너 → A스캐너 → C스캐너
③ C스캐너 → A스캐너 → B스캐너 ④ C스캐너 → B스캐너 → A스캐너

> **정답해설**
> 설문조사에서 요구하는 기능과 각 스캐너의 충족 여부를 확인하면 다음과 같다.
> 양면 스캔 기능 : B스캐너, C스캐너
> 계약서 크기의 스캔 지원 : B스캐너, C스캐너
> 100매 이상 연속 스캔 가능 : A스캐너, C스캐너
> 스캔 시간의 단축(고속 스캔) : C스캐너
> 기울기 자동 보정 기능 : A스캐너, B스캐너, C스캐너
> A/S 기간 장기(2년 이상 요망) : B스캐너, C스캐너
> 예산 사용 범위 : A스캐너, B스캐너, C스캐너
> 따라서 설문조사에서 요구하는 것을 모두 충족하는 C스캐너가 1순위가 되며, 5개를 충족하는 B스캐너가 2순위, 3개를 충족하는 A스캐너가 3순위가 된다.

04 위의 세 스캐너 중 구매 순위가 가장 높은 스캐너와 구매 순위가 가장 낮은 스캐너로 각각 3,600장을 스캔하는데 걸리는 시간차는 얼마인가?

① 15분   ② 21분
③ 24분   ④ 30분

> **정답해설**
> 구매 순위가 가장 높은 스캐너는 C스캐너이며, 구매 순위가 가장 낮은 스캐너는 A스캐너이다. C스캐너로 3,600장을 스캔하는 데는 '3,600÷100=36(분)'이 소요되며, A스캐너로 스캔하는 데는 '3,600÷60=60(분)'이 소요된다. 따라서 시간차는 '24분'이 된다.

[05~06] 다음 제시된 해외 원전사업처의 하계휴가 계획표를 보고 물음에 답하시오.

총 문항 수 : 2문항 | 총 문제풀이 시간 : 2분 | 문항당 문제풀이 시간 : 1분

해외 원전사업처 휴가 규정

- 이미 정해진 업무 일정은 조정이 불가능하다.
- 정보보안전략팀 소속 직원은 모두 6명이다.
- 사무실에는 최소 4명이 근무하고 있어야 한다.
- 휴가는 4일을 반드시 붙여 써야 하고, 주말 및 공휴일은 휴가 일수에서 제외한다.
- 휴가는 8월 중에 모두 다 다녀와야 한다.

8월 달력

일	월	화	수	목	금	토
			1	2	3	4
5	6	7	8	9	10	11
12	13	14	15 광복절	16	17	18
19	20	21	22	23	24	25
26	27	28	29	30	31	

개인별 일정

팀원	업무일정	희망 휴가일
임 부장	8월 28일~8월 31일 출장	8월 3일~8월 8일
주 과장	8월 1일~8월 2일 출장	8월 22일~8월 27일
안 과장	8월 1일 출장	8월 9일~8월 14일
윤 대리	8월 21일~8월 23일 교육	8월 28일~8월 31일
함 대리	8월 14일 출장	8월 16일~8월 21일
김 사원	8월 17일~8월 21일 교육	8월 8일~8월 13일

05 다음 주어진 해외 원전사업처 휴가 규정에 따라 희망 휴가 일정을 조율하고자 할 때, 동의를 구해야 할 팀원을 고르면?

① 임 부장
② 주 과장
③ 안 대리
④ 함 대리

정답해설 해외 원전사업처 팀원들의 업무 일정과 희망 휴가일을 8월에 표시해보면

일	월	화	수	목	금	토
			1 주 과장 출장 안 과장 출장	2 주 과장 출장	3 임 부장 휴가	4
5	6 임 부장 휴가	7 임 부장 휴가	8 김 사원 휴가 임 부장 휴가	9 김 사원 휴가 안 과장 휴가	10 김 사원 휴가 안 과장 휴가	11
12	13 김 사원 휴가 안 과장 휴가	14 안 과장 휴가 함 대리 출장	15 광복절	16 함 대리 휴가	17 함 대리 휴가 김 사원 교육	18
19	20 함 대리 휴가 김 사원 교육	21 함 대리 휴가 김 사원 교육 윤 대리 교육	22 윤 대리 교육 주 과장 휴가	23 윤 대리 교육 주 과장 휴가	24 주 과장 휴가	25
26	27 주 과장 휴가	28 윤 대리 휴가 임 부장 출장	29 윤 대리 휴가 임 부장 출장	30 윤 대리 휴가 임 부장 출장	31 윤 대리 휴가 임 부장 출장	

8월 21일에 3명이 자리를 비우므로 사무실에 최소 4명이 근무하고 있어야 한다는 규정을 어기게 된다. 따라서 이미 정해진 업무 일정은 조정이 불가능하므로 함 대리의 휴가 일정을 조정해야 한다.

정답 05 ④

06 다음 중 위의 문제에서 휴가 일정을 조정하게 된 팀원이 새롭게 희망 휴가일을 제출하였을 때, 적절한 날짜를 고르면? (단, 다른 팀원들의 일정이나 해당 팀원의 업무 일정에는 변화가 없다.)

① 8월 2일~8월 7일
② 8월 7일~8월 10일
③ 8월 13일~8월 17일
④ 8월 20일~8월 23일

 함 대리의 휴가 일정을 제외하고 8월 달력을 살펴보았을 때,
8월 2일~8월 7일
8월 16일
8월 24일~8월 27일
위의 날짜에는 사무실에 최소 4명이 근무하고 있어야 한다는 규정을 만족한다.
이때 휴가는 4일을 반드시 붙여 써야 하므로 모두 만족하는 날짜는 '8월 2일~8월 7일'이다.

07 자료를 바탕으로 할 때, 〈보기〉 중 옳지 않은 것을 모두 고르면?

자동차 변속기 경쟁력점수의 국가별 비교

(단위 : 점)

구분	A	B	C	D	E
변속감	98	93	102	80	79
내구성	103	109	98	95	93
소음	107	96	106	97	93
경량화	106	94	105	85	95
연비	105	96	103	102	100

* 각국의 전체 경쟁력 점수는 각 부문 경쟁력점수의 총합으로 구함

보기

ㄱ. 내구성 부문에서 경쟁력점수가 가장 높은 국가는 A국이며, 경량화 부문에서 경쟁력 점수가 가장 낮은 국가는 D국이다.
ㄴ. 전체 경쟁력 점수는 E국이 B국보다 더 높다.
ㄷ. 경쟁력점수가 가장 높은 부문과 가장 낮은 부문의 차이가 가장 큰 국가는 C국이고, 가장 작은 국가는 D국이다.

① ㄴ
② ㄱ, ㄴ
③ ㄱ, ㄷ
④ ㄱ, ㄴ, ㄷ

ㄱ. 내구성 부문에서 경쟁력점수가 가장 높은 국가는 B국으로 109점이며, 경량화 부문에서 경쟁력 점수가 가장 낮은 국가는 D국으로 85점이다.
ㄴ. 전체 경쟁력 점수를 살펴보면, A국은 519점, B국은 488점, C국은 514점, D국은 459점, E국은 460점으로 E국이 B국보다 더 낮다.
ㄷ. 경쟁력점수가 가장 높은 부문과 가장 낮은 부문의 차이가 가장 큰 국가는 D국으로 22점이고, 가장 작은 국가는 C국으로 8점이다.

08 자료를 바탕으로 할 때, 〈보기〉 중 옳은 것을 모두 고르면?

국가별 여성권한척도

구분	여성권한 척도 국가 순위	여성권한 척도				1인당 GDP 국가 순위
		국회의원 여성비율 (%)	입법 및 행정 관리직 여성 비율 (%)	전문기술 직 여성비율 (%)	남성대비 여성 추적 소득비(%)	
한국	59	13.0	6	39	0.48	34
일본	43	9.3	10	46	0.46	13
미국	10	14.8	46	55	0.62	4
필리핀	46	15.4	58	62	0.59	103

보기

ㄱ. 4개 국가 중에서 GDP 국가순위가 가장 높은 국가가 여성권한척도 국가순위도 가장 높다.
ㄴ. 필리핀은 4개 국가 중 1인당 GDP 국가순위보다 여성권한척도 국가순위가 높은 유일한 국가이다.
ㄷ. 일본은 4개 국가 중 1인당 GDP 국가순위와 여성권한척도 국가순위의 차이가 가장 큰 국가이다.
ㄹ. 4개 국가 중 입법 및 행정관리직 여성비율, 전문기술직 여성비율이 가장 낮은 국가는 한국이다.

① ㄱ, ㄴ
② ㄱ, ㄴ, ㄹ
③ ㄴ, ㄷ, ㄹ
④ ㄱ, ㄴ, ㄷ, ㄹ

ㄷ. 4개 국가 중 1인당 GDP 국가순위와 여성권한척도 국가순위의 차이가 가장 큰 국가는 필리핀이다.

인문계·이공계

09 다음은 한 회사의 〈사업 지출 조건〉과 〈물품 목록〉에 대한 내용이다. 이를 토대로 판단할 때 경영지원부의 사업을 위해 허용되는 사업비 지출 품목만을 모두 고른 것은?

〈지출 조건〉

경영지원부는 직원을 대상으로 한 서비스 영상교육 사업을 운영하고 있다. 원칙적으로 사업비는 사용목적이 '사업 진행'인 경우에만 지출할 수 있다. 다만 다음 중 어느 하나에 해당하면 예외적으로 허용된다. 첫째, 품목당 단가가 10만 원 이하로 사용목적이 '서비스 제공'인 경우에 지출할 수 있다. 둘째, 사용연한이 1년 이내인 경우에 지출할 수 있다.

필요 물품 목록

품목	단가(원)	사용목적	사용연한
영상 시연 설비	480,000	사업 진행	2년
영상 프로그램 대여	350,000	교육 보고서 작성	10개월
전용 책상	110,000	서비스 제공	5년
컴퓨터	980,000	서비스 제공	3년
클리어파일	2,000	보고서 보관	2년
블라인드	99,000	서비스 제공	5년

① 영상 프로그램 대여, 전용 책상, 클리어파일
② 영상 시연 설비, 전용 책상, 컴퓨터, 블라인드
③ 영상 프로그램 대여, 클리어파일, 블라인드
④ 영상 시연 설비, 영상 프로그램 대여, 블라인드

정답해설 사용목적이 '사업 진행'인 경우에만 사업비를 지출할 수 있다고 했으므로, '영상 시연 설비'에 사업비가 지출된다는 것을 알 수 있다. 그리고 예외적 조건 중 품목당 단가가 10만 원 이하로 사용목적이 '서비스 제공'인 경우에 지출할 수 있다고 했으므로, 블라인드에 사업비가 사용된다는 것을 알 수 있다. 또한 사용연한이 1년 이내인 경우에 지출할 수 있다고 했으므로, 영상 프로그램 대여에 사업비가 지출된다. 따라서 사업비가 지출되는 품목은 '영상 시연 설비', '블라인드', '영상 프로그램 대여' 3가지이다.

정답 08 ② | 09 ④

10 A기업의 생산팀 담당자로 근무하고 있는 갑은 영업팀장으로부터 "다음 달까지 거래처로 납부하기로 한 제품 수량이 1/2로 줄었다"는 메시지를 받았다. 다음 중 갑이 우선적으로 취할 행동으로 가장 적절한 것은?

① 메시지 오류일 수 있으므로 다른 조치를 취하지 않고 대기한다.
② 영업팀장으로부터 제품 수량이 절반으로 줄어든 이유를 파악한다.
③ 생산할 제품 수량이 1/2로 줄었다는 사실을 즉시 생산팀장에게 보고한다.
④ A기업의 거래처 담당자에게 제품 수량이 1/2로 감소한 것이 맞는지 확인한다.

정답해설 사람이 하는 일에는 항상 실수나 오류가 있을 수 있으므로, 생산팀장에게 보고하기 전에 영업팀장의 메시지가 사실인지를 먼저 확인해야 한다. 따라서 거래처 담당자에게 제품 수량이 1/2로 감소한 것이 맞는지 확인해 보는 것이 가장 먼저 할 일이다.

오답해설
① 메시지 오류일 수도 있지만, 사실 여부를 확인하는 조치를 취하여야 한다.
② 가장 우선적으로 할 일은 납부하기로 한 제품 수량이 줄었다는 것이 사실인지 확인하는 것이다. 영업팀장에게 그 이유를 파악하는 것은 그 다음의 일이다.
③ 영업팀장의 실수나 잘못된 정보일 수도 있으므로, 사실 여부를 확인한 후 통보해야 한다.

11 다음은 한 기업의 〈직무전결표〉의 내용 중 일부이다. 이 직무전결표에 따라 업무를 처리할 때 적절하지 않은 것은?

직무전결표

직무내용	대표이사	위임전결권자		
		전무	상무	부서장
일반 업무 보고(월별)				○
부서 단위 인수인계업무			○	
해외 관련 업무		○		
1억 원 이상 예산집행업무	○			
1억 원 미만 예산집행업무		○		
운영위원회 위원 위촉	○			
부서장급 인사업무			○	

① 개편된 홍보팀의 업무 인수인계와 관련해 상무이사의 결재를 받아 집행하였다.
② 대표이사 출장 시 홍콩에 설치한 사무시설 설비비를 전무이사가 전결하였다.
③ 2억 원이 소요되는 업무를 대표이사 부재로 전무이사가 전결하였다.
④ 영업팀장의 교체건을 상무이사가 전결하였다.

정답해설 1억 원 이상이 소요되는 예산집행업무는 대표이사의 결재사항이며, 위임전결사항이 아니다. 따라서 2억 원이 소요되는 업무를 전무이사가 전결하는 것은 적절하지 않다.

오답해설 ① 부서 단위의 인수인계업무는 상무이사의 위임전결사항이므로, 홍보팀 인수인계업무는 상무이사의 결재를 받아 집행할 수 있나.
② 해외 관련 업무는 전무이사의 위임전결사항이므로, 홍콩의 사무시설 설비비는 전무이사가 전결할 수 있다.
④ 부서장급 인사업무는 상무이사의 위임전결사항이므로, 영업팀장 교체건은 상무이사가 전결하게 된다.

정답 10 ④ | 11 ③

[12~13] 다음 〈표〉는 2020년 한 국가의 공항 운항 현황을 나타낸 자료이다. 이를 토대로 물음에 알맞은 답을 고르시오.

총 문항 수 : 2문항 | 총 문제풀이 시간 : 2분 | 문항당 문제풀이 시간 : 1분

운항 횟수 상위 5개 공항

(단위 : 회)

국내선			국제선		
순위	공항	운항 횟수	순위	공항	운항 횟수
1	AJ	65,838	1	IC	273,866
2	KP	56,309	2	KH	39,235
3	KH	20,062	3	KP	18,643
4	KJ	5,638	4	AJ	13,311
5	TG	5,321	5	CJ	3,567
계		153,168	계		348,622
국가 전체의 운항 횟수		167,040	국가 전체의 운항 횟수		353,272

※ 일부 공항은 국내선만 운항함.

전년대비 운항횟수 증가율 상위 5개 공항

(단위 : %)

국내선			국제선		
순위	공항	운항 횟수	순위	공항	운항 횟수
1	MA	229.0	1	TG	55.8
2	CJ	23.0	2	AJ	25.3
3	KP	17.3	3	KH	15.1
4	TG	16.1	4	KP	5.6
5	AJ	11.2	5	IC	5.5

12 다음 설명 중 옳지 않은 것은?

① 2020년 국제선 운항 공항 수는 6개이다.
② 2020년 KP공항의 운항 횟수는 국내선이 국제선의 3배 이상이다.
③ 전년대비 국내선 운항 횟수 증가율이 가장 큰 공항은 전년대비 국제선 운항 횟수 증가율의 경우 상위 5위 내에 들지 못한다.
④ 국제선 운항 횟수와 전년대비 국제선 운항 횟수 증가율 모두 상위 5개 안에 포함된 공항은 모두 4개이다.

정답해설
2020년 국가 전체의 국제선 운항 횟수는 '353,272'인데, 상위 5개 공항의 운항 횟수는 '348,622'이다. 두 수치의 차이는 '4,650'이며, 이는 5위 공항인 CJ의 '3,567'보다 많다. 따라서 국제선 운항 항공 수는 7개 이상이라 할 수 있다.

오답해설
② 2020년 KP공항의 국내선 운항 횟수는 56,309회이며, 국제선 운항 횟수는 18,643회이므로, 국내선이 국제선의 약 3.02배가 된다. 따라서 3배 이상이다.
③ 전년대비 국내선 운항 횟수 증가율이 가장 큰 공항은 MA공항인데, MA공항의 경우 2020년 국제선 운항 횟수 증가율은 상위 5위 내에 들지 못한다.
④ 국제선 운항 횟수와 전년대비 국제선 운항 횟수 증가율 모두 상위 5개 안에 포함된 공항의 개수는 IC, KH, KP, AJ 4개이다.

13 국내선 운항 횟수와 전년대비 국내선 운항 횟수 증가율이 모두 상위 5위 안에 포함된 공항의 국내선 운항 횟수 합이 전체 국내선 운항 횟수에서 차지하는 비중은 얼마인가?

① 대략 73.1%   ② 대략 76.3%
③ 대략 82.5%   ④ 대략 91.7%

정답해설
국내선 운항 횟수와 전년대비 국내선 운항 횟수 증가율이 모두 상위 5개 안에 포함된 공항은 AJ, KP, TG이다. 이 세 공항의 국내선 운항 횟수의 합은 '127,468'이므로, 이것이 전체 국내선 운항 횟수에서 차지하는 비중은 $\frac{127,468}{167,040} \times 100 = 76.3\%$'가 된다.

정답 12 ① | 13 ②

[14~15] 다음의 자료는 한 이동통신사의 요금제에 관한 내용이다. 이를 토대로 하여 다음 물음에 답하시오.

총 문항 수 : 2문항 | 총 문제풀이 시간 : 2분 | 문항당 문제풀이 시간 : 1분

이동통신사의 요금제

(단위 : 회)

요금제 부과 기준	A요금제	B요금제	C요금제
월 기본요금(원)	19,000	15,000	16,000
10초당 통화요금(원)	15	19	18
월 무료통화(분)	10	10	5
1건당 문자발신요금(원)	10	10	11
월 무료 문자(건)	20	15	10
발신번호표시요금(원)	무료	1,500	1,000

14 A는 월 통화시간이 2시간 10분이고 문자 메시지는 50건 보내며, 발신번호표시 서비스를 이용하고 있다고 한다. 다음 중 A가 가장 저렴하게 이용할 수 있는 요금제는 무엇인가? (기타 부가세 등은 무시한다.)

① A요금제 ② B요금제
③ C요금제 ④ A와 C요금제

정답해설
월 이용요금은 월 기본요금과 통화요금, 문자발신요금, 발신번호표시요금을 합친 것이다. 여기서 요금제별 월 무료통화는 통화요금에서 제외되며, 무료 문자에 해당되는 경우도 요금제에서 제외된다. 각 요금제 이용에 따른 월 이용요금을 구하면 다음과 같다.
A요금제 : $19,000+[(7800-600)\times1.5]+[(50-20)\times10]=30,100$(원)
B요금제 : $15,000+[(7800-600)\times1.9]+[(50-15)\times10]+1,500=30,530$(원)
C요금제 : $16,000+[(7800-300)\times1.8]+[(50-10)\times11]+1,000=30,940$(원)
따라서 A가 가장 저렴하게 이용할 수 있는 요금제는 B이다.

15 월 통화시간이 2시간이고 문자 메시지를 80건 보내며, 발신번호표시 서비스를 이용하는 사람이 가장 저렴하게 이용할 수 있는 요금제를 선택할 경우, 월 이용요금은 얼마인가? (기타 부가세 등은 없는 것으로 한다.)

① 29,500원 ② 29,690원
③ 29,910원 ④ 30,190원

정답해설
문제 조건에 따른 각 요금제별 월 이용요금을 구하면 다음과 같다.
A요금제 : $19,000+(6600×1.5)+(60×10)=29,500$(원)
B요금제 : $15,000+(6600×1.9)+(65×10)+1,500=29,690$(원)
C요금제 : $16,000+(6900×1.8)+(70×11)+1,000=30,190$(원)
따라서 가장 저렴한 요금제는 A이며, 월 이용요금은 29,500원이다.

16 다음 글을 근거로 판단할 때, '갑'기업의 신입직원 7명(A~G)의 부서 배치 결과로 옳지 않은 것은?

'갑'기업에서는 신입직원 7명을 선발하였으며, 신입직원들을 각 부서에 배치하고자 한다. 각 부서에서 요구한 인원은 다음과 같다.

정책팀	재정팀	홍보팀
2명	4명	1명

신입직원들은 각자 원하는 부서를 2지망까지 지원하며, 1, 2지망을 고려하여 이들을 부서에 배치한다. 먼저 1지망 지원부서에 배치하는데, 요구인원보다 지원인원이 많은 경우에는 입사성적이 높은 신입식원을 우선직으로 베치한다. 1지만 지원부서에 배치되지 못한 신입직원은 2지망 지원부서에 배치되는데, 이때 역시 1지망에 따른 배치 후 남은 요구인원보다 지원인원이 많은 경우 입사성적이 높은 신입직원을 우선적으로 배치한다. 1, 2지망 지원부서 모두에 배치되지 못한 신입직원은 요구인원을 채우지 못한 부서에 배

치된다. 신입직원 7명의 입사성적 및 1, 2지망 지원부서는 아래와 같다. A의 입사성적만 전산에 아직 입력되지 않았는데, 82점 이상이라는 것만 확인되었다. 단, 입사성적의 동점자는 없다.

신입직원	A	B	C	D	E	F	G
입사 성적	?	81	84	78	96	80	93
1지망	홍보	홍보	재정	홍보	재정	정책	홍보
2지망	정책	재정	정책	정책	홍보	재정	정책

① A의 입사성적이 91점이라면, A는 정책팀에 배치된다.
② A의 입사성적이 95점이라면, A는 홍보팀에 배치된다.
③ B와 C는 재정팀에 배치된다.
④ D는 정책팀에 배치된다.

정답해설 정책팀에는 2명이 배치될 수 있는데, 한 자리는 1지망자인 F가 우선 배치된다. 남은 한 자리는 성적이 D보다 좋은 A와 G 중에서 홍보팀에 배치되지 못한 한 명이 배치된다. 따라서 D는 정책팀에 배치될 수 없고, 요구인원을 채우지 못한 재정팀에 배치된다.

오답해설 ① A의 입사성적이 91점이라면, G가 A보다 성적이 더 높기 때문에 G가 홍보팀에 배치되며, A는 2지망인 정책팀에 배치된다.
② A의 입사성적이 95점이라면, A가 G보다 성적이 더 높기 때문에 A가 홍보팀에 배치된다.
③ 1지망자인 E와 C가 재정팀에 배치되며, 2지망자 중 성적이 좋은 B가 재정팀에 배치된다. 따라서 B와 C는 재정팀에 배치된다고 할 수 있다.

인문계·이공계

17. 다음의 〈기준〉과 〈상황〉을 근거로 판단할 때, A회사의 직원 '갑'이 6월 출장여비로 받을 수 있는 총액은?

〈여비 관련 기준〉
- 출장여비 기준 : 출장여비는 출장수당과 교통비의 합이다.
1) 대전시 출장
  - 출장수당 : 1만 원
  - 교통비 : 3만 원
2) 대전시 이외 출장
  - 출장수당 : 2만 원(13시 이후 출장 시작 또는 15시 이전 출장 종료 시 1만 원 차감)
  - 교통비 : 4만 원
- 출장수당의 경우 업무추진비 사용 시 1만 원이 차감되며, 교통비의 경우 공용차량 사용 시 1만 원이 차감된다.

〈상황〉

직원 '갑'의 6월 출장 내역	출장지	출장 시작 및 종료 시각	비고
출장1	대전시	14시~16시	공용차량 사용
출장2	인천시	14시~18시	
출장3	광주시	9시~16시	업무추진비 사용

① 9만 원 ② 11만 원
③ 13만 원 ④ 15만 원

정답해설 출장으로 갑이 받게 될 출장여비를 살펴보면 다음과 같다.
출장 1 : 출장수당 1만 원+교통비 3만 원−공용차량 사용 1만 원=3만 원
출장 2 : 출장수당 2만 원+교통비 4만 원−13시 이후 출장 시작 1만 원=5만 원
출장 3 : 출장수당 2만 원+교통비 4만 원−업무추진비 사용 1만 원=5만 원

정답 17 ③

18 A시에서는 시내 교통량 증가에 대비하여 도시고속화도로 건설을 계획하고 있다. 이 건설사업은 민간기업인 B회사가 담당하기로 되어 있다. 아래의 자료들로부터 도출할 수 있는 적절한 결론이 아닌 것은?

〈자료 1〉
도시고속화도로 건설비용은 100억 원으로 예상되며 완공 이후 B사의 수익은 장래에 예상되는 A시의 교통량 증가와 투자방식에 영향을 받는 것으로 알려져 있다. B사에서는 교통량 증가와 투자 방식에 따라 자사의 이익을 아래와 같이 예상하였다. 교통량이 향후 20년 동안 50% 이상 증가하고 B사에서 도로건설비용을 전액 부담할 경우 150억 원의 수익이 예상되며, 30%의 외국자본 투자를 활용했을 경우 130억 원의 수익이 예상된다. 또한 교통량이 향후 20년 동안 50% 미만 증가하고 B사에서 도로건설비용을 전액 부담할 경우 100억 원의 수익이, 30%의 외국자본 투자를 활용했을 경우 120억 원의 수익이 예상된다. 그리고 교통량이 감소하고 B사에서 도로건설비용을 전액 부담할 경우 400억 원의 손실이, 30%의 외국자본 투자를 활용했을 경우 200억 원의 손실이 예상된다.

〈자료 2〉
교통전문가가 예상한 A시의 향후 교통량 증가 확률
- 교통량이 향후 20년 동안 50% 이상 증가할 확률 = 0.6
- 교통량이 향후 20년 동안 50% 미만 증가할 확률 = 0.35
- 교통량이 향후 20년 동안 감소할 확률 = 0.05

B사의 순이익 계산식
- 순이익 = B사의 수익 − B사의 투자비용

① 향후 교통량이 50% 미만 증가하면 외국자본을 유치하는 방안의 순이익이 B사에서 전액 부담하는 방안의 순이익보다 많다.
② 향후 교통량이 50% 이상 증가하면 B사에서 전액 부담하는 방안일 때의 B사의 순이익이 외국자본을 유치하는 방안일 때의 그것보다 적다.
③ 향후 교통량이 감소하면 양 투자 방안 모두 B사의 순이익은 부(−)의 값을 지닌다.

④ B사에서 전액 부담하는 방안일 때의 B사의 기대되는 순이익이 외국자본을 유치하는 방안일 때의 그것보다 많다.

정답해설 제시된 자료를 토대로, 가능한 각각의 경우 B사의 순이익을 구하면 다음과 같다.
㉠ 도로건설비용을 전액 부담할 경우
 교통량이 50% 이상 증가할 경우 : 순이익은 '150−100=50억 원'
 교통량이 50% 미만 증가할 경우 : 순이익은 '100−100=0'
 교통량이 감소할 경우 : 순이익 '−400−100=−500억 원'
㉡ 30%의 외국자본 투자를 활용했을 경우
 교통량이 50% 이상 증가할 경우 : 순이익은 '130−70=60억 원'
 교통량이 50% 미만 증가할 경우 : 순이익은 '120−70=50억 원'
 교통량이 감소할 경우 : 순이익은 '−200−70=−270억 원'
이를 바탕으로 ①~④를 살펴보면 다음과 같다.
① 향후 교통량이 50% 미만 증가하는 경우, 외국자본을 유치하는 경우의 순이익(50억 원)이 B사에서 전액 부담하는 경우의 순이익(0원)보다 많다.
② 향후 교통량이 50% 이상 증가하는 경우, B사에서 전액 부담하는 방안의 순이익(50억 원)이 외국자본을 유치하는 방안의 순이익(60억 원)보다 적다.
③ 향후 교통량이 감소하는 경우, 양 투자 방안의 순이익은 '−500억 원'과 '−270억 원'으로 모두 부(−)의 값을 지닌다.
④ 교통량의 증감에 상관없이 전액 부담의 경우보다 외국자본을 활용하는 경우 순이익이 더 크므로, 기대되는 순이익에 있어서도 외국자본을 활용하는 경우가 더 크다는 것을 알 수 있다. 여기서의 기대 순이익은 각각의 순이익에 발생확률을 곱해 이를 합산한 것이다. 기대 순이익을 구해보면 다음과 같다.
전액 부담할 경우의 기대 순이익 : $(50×0.6)+(0×0.35)+(−500×0.05)=5$억 원
외국자본을 유치하는 경우의 기대 순이익 : $(60×0.6)+(50×0.35)+(−270×0.05)=40$억원
따라서 ④는 옳지 않다.

정답 18 ④

[19~20] 다음 글과 〈평가 결과〉를 근거로 하여 물음에 알맞은 답을 고르시오.

총 문항 수 : 2문항 | 총 문제풀이 시간 : 2분 | 문항당 문제풀이 시간 : 1분

갑국에서는 현재 정부 재정지원을 받고 있는 복지시설(A~D)을 대상으로 다섯 가지 항목(환경개선, 복지관리, 복지지원, 복지성과, 중장기 발전계획)에 대한 종합적인 평가를 진행하였다.

평가점수의 총점은 각 평가항목에 대해 해당 시설이 받은 점수와 해당 평가항목별 가중치를 곱한 것을 합산하여 구하고, 총점 90점 이상은 1등급, 80점 이상 90점 미만은 2등급, 70점 이상 80점 미만은 3등급, 70점 미만은 4등급으로 한다.

평가 결과, 1등급 시설은 특별한 조치를 취하지 않으며, 2등급 시설은 관리 정원의 5%를, 3등급 이하 시설은 관리 정원의 10%를 감축해야 하고, 4등급을 받으면 관리 정원의 20% 감축해야 하고 정부의 재정지원도 받을 수 없다.

〈평가 결과〉

평가항목(가중치)	A시설	B시설	C시설	D시설
환경개선(0.2)	80	90	85	90
복지관리(0.2)	95	70	65	55
복지지원(0.2)	95	70	75	80
복지성과(0.2)	95	70	60	60
중장기 발전계획(0.2)	90	95	50	65

19 다음 〈보기〉의 내용 중 옳은 것을 모두 고르면?

보기
㉠ A시설은 관리 정원을 감축하지 않아도 된다.
㉡ B시설은 관리 정원의 5%를 감축해야 한다.
㉢ C시설은 평가 등급이 4등급에 해당하는 시설이다.
㉣ D시설은 관리 정원을 감축해야 하고 정부의 재정지원도 받을 수 없다.

① ㉠, ㉡   ② ㉠, ㉢
③ ㉡, ㉣   ④ ㉢, ㉣

㉠ 각 평가항목의 가중치가 모두 같으므로, 평가점수의 총점은 각 평가항목 점수의 평균과 같다. 따라서 A시설의 경우 평가점수의 총점은 91점이므로, 관리 정원을 감축하지 않아도 된다.
㉢ C시설의 평가점수 총점은 67점이므로, 평가 등급이 4등급인 시설이 된다.

㉡ B시설의 평가점수의 총점은 79점이므로 3등급에 해당하여 관리 정원의 10%를 감축해야 한다.
㉣ D시설의 평가 점수 총점은 70점이므로 3등급에 해당한다. 따라서 관리 정원을 10% 감축해야 하나, 정부의 재정지원은 받을 수 있다.

20 다음 중 평가항목에서 환경개선의 가중치를 0.3으로, 복지지원의 가중치를 0.1로 바꿀 때 B시설과 D시설의 평가 결과에 따른 조치를 모두 맞게 나열한 것은?

① B시설 : 관리 정원의 10% 감축
 D시설 : 관리 정원의 20% 감축, 정부 재정지원을 받을 수 없음
② B시설 : 관리 정원의 5% 감축
 D시설 : 관리 정원의 10% 감축
③ B시설 : 관리 정원의 10% 감축
 D시설 : 관리 정원의 10% 감축
④ B시설 : 관리 정원의 5% 감축
 D시설 : 관리 정원의 20% 감축, 정부 재정지원을 받을 수 없음

평가점수의 총점은 각 평가항목 점수와 해당 평가항목별 가중치를 곱한 것을 합산하여 구한다고 했으므로, 가중치 변경에 따른 B시설과 D시설의 평가점수 총합을 구하면 다음과 같다.
B시설 : $(90 \times 0.3) + (70 \times 0.2) + (70 \times 0.1) + (70 \times 0.2) + (95 \times 0.2) = 81$점
D시설 : $(60 \times 0.3) + (55 \times 0.2) + (90 \times 0.1) + (80 \times 0.2) + (65 \times 0.2) = 67$점
따라서 B시설은 2등급, D시설은 4등급에 해당하므로, B시설은 관리 정원의 5%를 감축해야 하고, D시설은 관리 정원의 20% 감축하고 정부 재정지원도 받을 수 없다.

21 다음 글을 근거로 판단할 때, A에 해당하는 숫자는?

1. △△원자력발전소에서 매년 사용후핵연료봉(이하 '폐연료봉'이라 한다)이 50,000개씩 발생하고, 이를 저장하기 위해 발전소 부지 내 2가지 방식(습식과 건식)의 임시저장소를 운영하고 있다.
   ① 습식저장소 : 원전 내 저장수조에서 물을 이용하여 폐연료봉의 열을 냉각시키고 방사선을 차폐하는 저장방식으로 총 100,000개의 폐연료봉 저장 가능
   ② 건식저장소
      • X 저장소
        − 원통형의 커다란 금속 캔에 폐연료봉을 저장하는 방식으로 총 300기의 캐니스터로 구성되고, 한 기의 캐니스터는 9층으로 이루어져 있으며, 한 개의 층에 60개의 폐연료봉 저장 가능
      • Y 저장소
        − 기체로 열을 냉각시키고 직사각형의 콘크리트 내에 저장함으로써 방사선을 차폐하는 저장방식으로 이 방식을 이용하여 저장소 내에 총 138,000개의 폐연료봉 저장 가능
2. 현재 습식저장소는 2개로, 하나는 비어 있으나 다른 하나는 저장용량의 50%가 채워져 있다. 건식저장소 X, Y는 각각 1개로 모두 비어 있는 상황이다.
3. 따라서 발생하는 폐연료봉의 양이 항상 일정하다고 가정하면, △△원자력발전소에서 최대 (A)년 동안 발생하는 폐연료봉을 현재의 임시저장소에 저장이 가능하다.

① 5
② 6
③ 7
④ 8

정답해설
현재 습식저장소는 2개인데, 하나는 비어 있으나 하나는 저장용량의 50%가 채워져 있다고 했으므로, 현재 습식저장소에서 저장할 수 있는 폐연료봉 개수는 모두 150,000개이다.
건식저장소 X, Y 저장소는 각각 1개가 있고, 모두 비어 있는 상태라 했다. 따라서 X 저장소에는 '300×9×60=162,000개'의 폐연료봉 저장이 가능하며, Y 저장소에는 138,000개의 저장이 가능하므로, 모두 300,000개의 폐연료봉 저장이 가능하다.
따라서 현재 임시저장소(습식저장소와 건식저장소)에는 모두 400,000개의 폐연료봉 저장이 가능한데, 폐연료봉은 매년 50,000개씩 발생한다고 하였으므로 최대 8년 간 발생하는 폐연료봉 저장이 가능한 상태이다.

[22~23] ○○시의 〈버스정류소 명칭 관리 및 운영계획〉을 근거로 하여 물음에 알맞은 답을 고르시오. (단, 모든 정류소는 ○○시 내에 있다)

총 문항 수 : 2문항 | 총 문제풀이 시간 : 2분 | 문항당 문제풀이 시간 : 1분

〈버스정류소 명칭 관리 및 운영계획〉

■ 정류소 명칭 부여기준
- 글자 수 : 12자 이내로 제한
- 명칭 수 : 2개 이내로 제한
  - 정류소 명칭은 지역대표성 명칭을 우선으로 부여
  - 2개를 병기할 경우 우선순위대로 하되, '·'으로 구분

우선순위	지역대표성 명칭			특정법인(개인) 명칭	
	1	2	3	4	5
명칭	고유지명	공공기관, 공공시설	관광지	시장, 아파트, 상가, 빌딩	기타 (회사, 상점 등)

■ 정류소 명칭 변경 절차
- 자치구에서 명칭 부여기준에 맞게 매달 1일에 신청
  - 매달 1일에 하지 않은 신청은 그 다음달 1일 신청으로 간주
- 부여기준에 적합한지를 판단하여 시장이 승인 여부를 결정
- 관련기관은 정류소 명칭 변경에 따른 정비를 수행
- 관련기관은 정비결과를 시장에게 보고

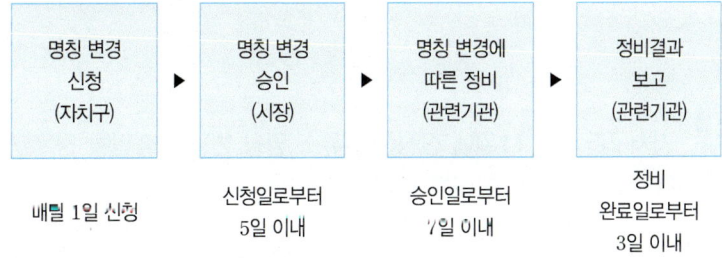

※ 단, 주말 및 공휴일도 일수(日數)에 산입하며, 당일(신청일, 승인일, 정비완료일)은 일수에 산입하지 않는다.

22 다음 설명 중 옳지 않은 것은?

① 자치구가 5월 1일에 정류소 명칭 변경을 신청한 경우, ○○시의 시장은 늦어도 5월 6일까지는 승인 여부를 결정해야 한다.
② '다라중학교 · 다라시영1차아파트'라는 정류소 명칭은 명칭 부여기준에 적합하지 않다.
③ '가나시영1단지아파트'라는 정류소 명칭을 '가나마트 · 가나시영1단지'로 변경하는 것은 명칭 부여기준에 적합하다.
④ 명칭을 변경하는 정류소에 '마바구청 · 마바시장 · 마바서점'이라는 명칭은 부여될 수 없다.

정답해설 아파트 명칭(4순위)은 상점(5순위)보다 앞서야하므로, '가나시영1단지아파트'를 '가나마트 · 가나시영1단지'로 변경하는 것은 명칭 부여기준에 적합하지 않다.

오답해설
① 자치구에서 1일에 신청한 경우 신청일로부터 5일 이내에 명칭 변경에 대한 승인 여부를 결정해야 하는데, 이때 신청일 당일은 일수에 포함되지 않으므로 시장은 6일까지 결정해야 한다.
② 정류소 명칭 부여기준에서 정류장의 글자 수는 12자 이내로 제한하므로, '다라중학교 · 다라시영1차아파트'라는 정류소 명칭은 명칭 부여기준에 적합하지 않다.
④ 정류장 명칭 수는 2개 이내로 제한되므로, '마바구청 · 마바시장 · 마바서점'이라는 명칭은 부여될 수 없다.

23 자치구가 6월 11일에 신청한 정류소 명칭 변경이 승인될 경우, 늦어도 언제까지 정비결과가 시장에게 보고되어야 하는가?

① 6월 25일
② 6월 26일
③ 7월 15일
④ 7월 16일

> 매달 1일에 하지 않은 신청은 그 다음달 1일에 신청한 것으로 간주된다고 하였으므로, 7월 1일에 명칭 변경을 신청한 셈이 된다. 이 경우 신청일로부터 5일 이내 시장의 승인을 거쳐야 하고, 승인일로부터 7일 이내에 관련기관 정비, 정비일로부터 3일 이내에 정비결과가 관련기관에 보고되어야 한다. 여기서 신청일과 승인일, 정비완료일은 일수에 산입하지 않으므로, 7월 16일까지 관련기관(시장)에 보고되어야 한다.

[24~25] 다음 〈표〉는 시설유형별 에너지 효율화 시장규모의 현황 및 전망에 대한 자료이다. 물음에 알맞은 답을 고르시오.

총 문항 수 : 2문항 | 총 문제풀이 시간 : 2분 | 문항당 문제풀이 시간 : 1분

비율점수법 적용 결과

(단위 : 억 달러)

연도 시설유형	2010	2011	2012	2015	2020(예상)
사무시설	11.3	12.8	14.6	21.7	41.0
산업시설	20.8	23.9	27.4	41.7	82.4
주거시설	5.7	6.4	7.2	10.1	18.0
공공시설	2.5	2.9	3.4	5.0	10.0
전체	40.3	46.0	52.6	78.5	151.4

24 다음 설명 중 옳은 것은?

① 2015년 전체 에너지 효율화 시장규모에서 '사무시설' 유형이 차지하는 비중은 30% 이하이다.
② 2010~2012년 동안 '주거시설' 유형의 에너지 효율화 시장규모는 매년 13% 이상 증가하였다.

정답 22 ③ | 23 ④ | 24 ①

③ 2011년 '산업시설' 유형의 에너지 효율화 시장규모는 전체 에너지 효율화 시장규모의 50% 이하이다.
④ 2015~2020년 동안 '공공시설' 유형의 에너지 효율화 시장규모는 매년 25% 이상 증가할 것으로 전망된다.

정답해설 2015년 전체 에너지 효율화 시장규모에서 사무시설 유형이 차지하는 비중은 '$\frac{21.7}{78.5} \times 100 ≒ 27.6\%$'이므로, 30% 이하가 된다.

오답해설 ② 2010년 대비 2011년 주거시설 유형의 에너지 효율화 시장규모 증가율은 '$\frac{6.4-5.7}{5.7} \times 100 ≒ 12.3\%$'이며, 2011년 대비 2012년 주거시설 유형의 에너지 효율화 시장규모 증가율은 '$\frac{7.2-6.4}{6.4} \times 100 = 12.5\%$'가 된다. 따라서 2010~2012년 동안 '주거시설' 유형의 에너지 효율화 시장규모는 매년 13% 이하로 증가하였다.
③ 2011년 산업시설 유형의 에너지 효율화 시장규모(23.9억 달러)는 전체 에너지 효율화 시장규모(46.0억 달러)의 50% 이상이 된다.
④ 2016~2019년의 공공시설 유형의 에너지 효율화 시장규모를 알 수 없기 때문에, 매년 25% 이상 증가할 것인지 알 수 없다.

25
2010년 대비 2020년 에너지 효율화 시장규모의 증가율이 가장 높을 것으로 전망되는 시설유형과 가장 낮을 것으로 전망되는 시설유형을 순서대로 바르게 나열한 것은?

① 산업시설, 사무시설
② 공공시설, 사무시설
③ 산업시설, 주거시설
④ 공공시설, 주거시설

정답해설 2010년 대비 2020년 에너지 효율화 시장규모의 증가율을 시설유형별로 구하면 다음과 같다.
사무시설 : $\frac{41.0-11.3}{11.3} \times 100 ≒ 262.8\%$

산업시설 : $\dfrac{82.4-20.8}{20.8}\times 100 ≒ 296.2\%$

주거시설 : $\dfrac{18.0-5.7}{5.7}\times 100 ≒ 215.8\%$

공공시설 : $\dfrac{10.0-2.5}{2.5}\times 100 ≒ 300\%$

따라서 가장 높은 증가율을 보일 것으로 전망되는 시설유형은 '공공시설'이며, 가장 낮은 증가율을 보일 것으로 전망되는 시설유형은 '주거시설'이다.

26 다음 중 회사 내에서의 기본적 예절로 가장 적절하지 않은 것은?

① 외부인이 회사를 방문한 경우 악수를 먼저 청하는 것이 기본적 예의이다.
② 악수를 하는 경우 오른손을 사용하여 힘을 빼고 살짝 잡는다.
③ 관계자를 대면시키는 경우 우리 회사의 관계자를 다른 회사 관계자에게 먼저 소개한다.
④ 명함은 바로 주머니에 넣기보다 명함에 대한 가벼운 대화를 나누는 것이 좋다.

정답해설 악수는 오른손으로 하되, 손에 적당히 힘을 주고 두세 번 흔드는 것이 좋은 예절이 된다.

오답해설
① 외부인에게 먼저 악수를 청하는 것이 예우의 표현에 해당한다.
③ 우리 측 관계자를 상대에게 먼저 소개하는 것이 상대에 대한 예의가 된다.
④ 명함을 받은 경우 바로 넣기보다는 명함에 대해 몇 마디 대화를 나눈 후 넣는 것이 좋다. 딱히 할 말이 없는 경우 받은 명함을 5초 정도 정독하고 상대방의 이름과 직위를 소리 내어 확인하는 것이 좋은 방법이 된다.

27

A의 회사는 지난 몇 년간 실적부진을 겪고 있다. 이를 해결하기 위해 A를 비롯한 회사의 임직원들이 모여 대책회의를 개최하였는데, 여기서 사원들은 회사의 문제점을 파악하고 구체적 해결책을 모색해보는 시간을 가졌다. 다음 중 각 사원들의 문제제기와 해결책으로서 가장 적절하지 않은 것은 무엇인가?

① 회사의 업무과정이 너무 유기적이어서 독립성이 부족하다는 것이 문제라 생각합니다. 직원들의 업무상 독립성을 강화하여, 일단 맡은 업무는 어려움이 있다 하더라도 담당자가 끝까지 해내고 또 책임질 수 있도록 해야 합니다.
② 업무계획을 보다 세부적으로 세우고, 그것을 매일 확인해가는 방식으로 일하는 것이 필요하다고 생각합니다. 지금의 회사는 구체적인 계획에 따르기보다 관행적으로 혹은 즉흥적으로 업무를 처리하는데, 이것이 문제의 시작이라 생각합니다.
③ 사실 근본적으로 판단할 때, 직원들이 자신의 부서 외에는 관심이 없는 것 같습니다. 이번 회의를 계기로 각 부서들의 소통을 강화하고, 다른 부서의 업무도 이해할 수 있도록 하는 노력이 필요하다고 생각합니다.
④ 부서별로 추구하는 목표가 다르다 보니까 전체적 성과는 떨어질 수밖에 없습니다. 전체 목표를 명확히 설정하고, 부서 간 주기적인 회의를 통해 그 과정을 점검할 수 있도록 해야 합니다.

정답해설 회사가 실적부진을 겪고 있으므로 협력을 통해 실적향상을 추구하는 것이 요구된다. 그러므로 독립적인 업무 진행보다는 각 조직의 유기적 협력을 통한 업무 협조·처리가 더 바람직하다.

오답해설
② 조직성과 향상을 위해서는 구체적인 업무계획을 세워 업무내용이나 진행과정을 점검하는 것이 필요하다.
③ 다른 부서와의 소통을 강화하고 협력을 통해 업무를 처리하는 것은 실적향상을 위한 효율적 방법이 된다.
④ 부서별 목표가 다른 경우 조직 전체의 성과는 하락할 수밖에 없으므로, 우선 전체 목표를 명확히 하고 부서 간에 협력을 통해 이를 확인·점검하는 것이 필요하다.

28 다음은 홍보부 7월 A~E 회의실 이용 내역이다. 이를 바탕으로 알 수 없는 것은?

7월 회의실 이용 내역

일	월	화	수	목	금	토
1	2 A 회의실	3 C 회의실	4 E 회의실	5 C 회의실 A 회의실	6 A 회의실	7
8	9 D 회의실	10 A 회의실 D 회의실	11 A 회의실 B 회의실	12 B 회의실	13 A 회의실	14
15	16 A 회의실	17 C 회의실 A 회의실	18 D 회의실 E 회의실	19 B 회의실	20 B 회의실 A 회의실	21
22	23 A 회의실 D 회의실	24 B 회의실 A 회의실	25 E 회의실 B 회의실	26 B 회의실 C 회의실	27 A 회의실 D 회의실	28
29	30 D 회의실	31 C 회의실 D 회의실				

① C 회의실은 화요일, 수요일만 이용 가능하다.
② B 회의실과 D 회의실은 같은 날 이용할 수 없다.
③ E 회의실은 수요일만 이용 가능하다.
④ 홍보부가 7월에 가장 많이 이용한 회의실은 A 회의실이다.

정답해설 주어진 7월 회의실 이용 내역을 보면 C 회의실은 3일(화), 5일(목), 17일(화), 26일(목), 31일(화) 사용했으므로 화요일, 목요일만 이용 가능함을 알 수 있다.

오답해설
② B 회의실과 D 회의실 7월 중 하루도 같은 날 이용하지 않았으므로 알 수 있다.
③ E 회의실은 4일(수), 18일(수), 25일(수) 이용했으므로 수요일만 이용 가능함을 알 수 있다.
④ 홍보부가 7월에 A 회의실을 12번으로 가장 많이 이용했다.

정답 27 ① | 28 ①

[29~30] 다음은 유통업체 고객서비스센터 홈페이지의 일부이다. 물음에 답하시오.

총 문항 수 : 2문항 | 총 문제풀이 시간 : 2분 | 문항당 문제풀이 시간 : 1분

■ 자주하는 질문과 답

Q1. 주문한 상품을 취소하고 싶어요. 어떻게 하면 되나요?
Q2. 주문내역 확인은 어디에서 가능한가요?
Q3. 주문완료 후 배송지를 변경할 수 있나요?
Q4. 발송완료 상태인데 아직 상품을 받지 못했어요.
Q5. 현금영수증 발급 내역은 어디에서 확인 하나요?
Q6. 전자세금계산서는 신청 후 바로 발급이 가능한가요?
Q7. 이미 결제한 주문건의 결제 수단을 변경할 수 있나요?
Q8. 취소 요청한 상품의 취소 여부는 언제 어디를 통해 확인할 수 있나요?
Q9. 반품하기로 한 상품을 아직도 회수해 가지 않았어요.
Q10. 발송완료 SMS를 받았는데 언제쯤 상품을 받을 수 있는 건가요?
Q11. 결제하는데 오류가 나는데 어떻게 하나요?
Q12. 당일 주문하면 받을 수 있는 상품이 있나요?

29

A씨는 홈페이지 관리와 고객문의 응대 업무를 담당하고 있다. 새 시즌을 맞아 홈페이지 개편에 따라 기존 정보를 분류하여 정리하려고 할 때, 다음 중 바르게 짝지어진 것은?

자주 하는 질문과 답			
주문/결제	반품/교환	배송	영수증
(가)	(나)	(다)	(라)

① (가) : Q2, Q7
② (나) : Q9, Q11
③ (다) : Q3, Q5
④ (라) : Q6, Q12

정답해설 자주 하는 질문과 답을 홈페이지 개편에 따라 기존 정보를 정리하면
  (가) 주문/결제 : Q1, Q2, Q7, Q8, Q11, Q12
  (나) 반품/교환 : Q9
  (다) 배송 : Q3, Q4, Q10
  (라) 영수증 : Q5, Q6
  이므로 보기 중 바르게 짝지어진 것은 ①이다.

30 다음 중 고객서비스센터 홈페이지를 방문한 고객 중 답을 찾지 못하는 고객은 누구인가?

① A고객 : 방금 결제한 카드 말고 다른 카드로 결제하고 싶은데 어떻게 하나요?
② B고객 : 가입했을 당시 기입한 주소와 다른 곳에 살고 있는데 주문을 해버려서 어떻게 하나요?
③ C고객 : 상품이 마음에 들지 않아서 반품하기로 했는데 아직도 회수해 가지 않았어요.
④ D고객 : 어제 상품 하나 주문하고, 오늘 다른 상품을 또 주문했는데 묶음 배송 가능한가요?

정답해설 D고객의 질문인 묶음 배송에 관한 질문과 그에 대한 답은 찾을 수 없다.

오답해설
① A고객은 Q7을 통해 답을 찾을 수 있다.
② B고객은 Q3을 통해 답을 찾을 수 있다.
③ C고객은 Q9를 통해 답을 찾을 수 있다.

소요시간			채점결과		
목표시간	30분		총 문항수	30문항	
실제 소요시간	( )분 ( )초		맞은 문항 수	( )문항	
초과시간	( )분 ( )초		틀린 문항 수	( )문항	

정답 29 ① | 30 ④

3. 수추리력(이공계)

▶ 다음에 나열된 숫자의 공통된 규칙을 찾아 빈칸에 들어갈 답을 구하시오.

| 3 | 6 | 9 | 7 | 10 | 13 | 11 | ( ) |

① 14 ② 16
③ 19 ④ 24

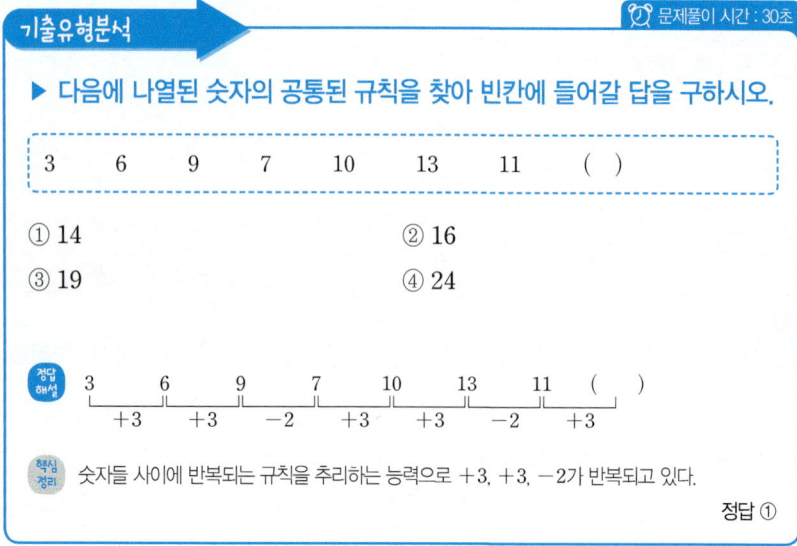

숫자들 사이에 반복되는 규칙을 추리하는 능력으로 +3, +3, -2가 반복되고 있다.

정답 ①

[01~25] 다음에 나열된 숫자의 공통된 규칙을 찾아 빈칸에 들어갈 답을 구하시오.

01 3 5 9 15 23 33 45 ( )

① 51 ② 59
③ 75 ④ 83

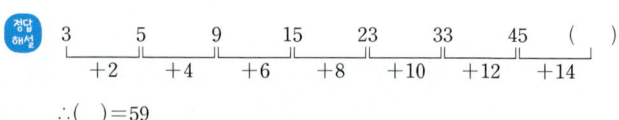

∴ ( ) = 59

02   7   14   11   8   15   12   9   (   )

① 10 ② 12
③ 14 ④ 16

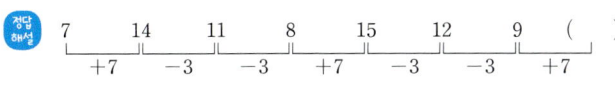

∴ (　) = 16

03   1   2   4   3   4   8   7   (   )

① 7 ② 8
③ 9 ④ 11

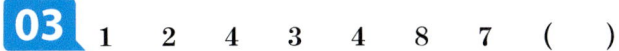

∴ (　) = 8

04   2   3   4   6   8   9   16   (   )

① 10 ② 12
③ 20 ④ 22

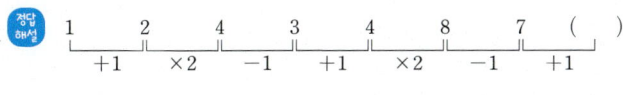

∴ (　) = 12

정답 01 ② | 02 ④ | 03 ② | 04 ②

05   10   2   8   7   6   12   4   (   )

① 3   ② 5
③ 11   ④ 17

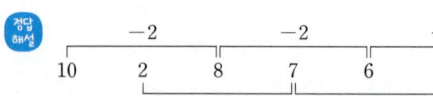

∴ ( ) = 17

06   1,944   576   324   144   54   36   9   (   )

① 8   ② 9
③ 10   ④ 11

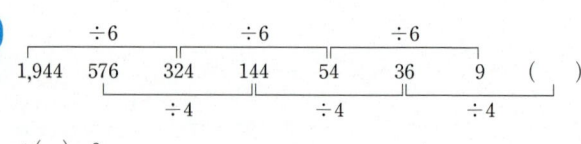

∴ ( ) = 9

07   8   23   67   198   590   (   )

① 726   ② 844
③ 1,352   ④ 1,765

8 23 67 198 590 ( )
   ×3−1 ×3−2 ×3−3 ×3−4 ×3−5

∴ ( ) = 1,765

08   7   32   48   57   61   (   )

① 61　　　　　　　② 62
③ 63　　　　　　　④ 64

 7   32   48   57   61   (   )
   +5²   +4²   +3²   +2²   +1²

∴ ( ) = 62

09   1 $\frac{1}{3}$ $\frac{1}{6}$ $\frac{1}{10}$ (   ) $\frac{1}{21}$

① $\frac{1}{12}$　　　　　　　② $\frac{1}{14}$
③ $\frac{1}{15}$　　　　　　　④ $\frac{1}{18}$

 1. $\frac{1}{1+2}$, $\frac{1}{1+2+3}$, $\frac{1}{1+2+3+4}$, $\frac{1}{1+2+3+4+5}$, $\frac{1}{1+2+3+4+5+6}$ 의 순서로 배열되고 있다.

∴ ( ) = $\frac{1}{15}$

정답 05 ④ | 06 ② | 07 ④ | 08 ② | 09 ③

10 78   108   66   102   54   96   (   )

① 40 ② 41
③ 42 ④ 43

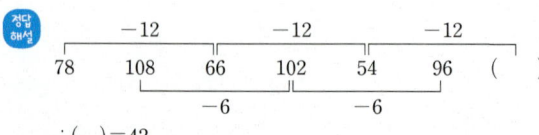

∴ ( ) = 42

11 $\frac{1}{3}$ $\frac{2}{5}$ $\frac{4}{7}$ (   ) $\frac{16}{11}$

① $\frac{2}{9}$ ② $\frac{4}{9}$
③ $\frac{6}{9}$ ④ $\frac{8}{9}$

분모는 (+2)씩, 분자는 (×2)씩 늘어나고 있다

∴ ( ) = $\frac{8}{9}$

12 83   103   68   96   53   89   (   )

① 35 ② 37
③ 38 ④ 41

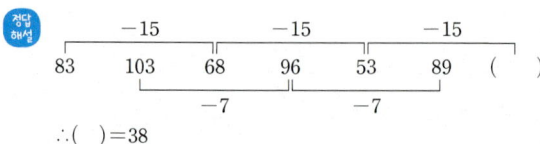

∴ ( ) = 38

인문계·이공계

13 20   10   15   5   12   3   (   )

① 11   ② 12
③ 13   ④ 14

20   10   15   5   12   3   (   )
 ÷2   +5 ÷3 +7 ÷4 +9

∴ (   ) = 12

14 53   55   56   58   61   63   (   )

① 58   ② 68
③ 83   ④ 91

```
        +3        +5        +7
     ┌─────┐   ┌─────┐   ┌─────┐
  53    55   56    58   61    63   (   )
     └─────┘   └─────┘   └─────┘
        +2        +2        +2
```

∴ (   ) = 68

15 4   5   3   7   −1   15   −17   (   )

① 44   ② 45
③ 46   ④ 47

4   5   3   7   −1   15   −17   (   )
 +1 −2 +4 −8 +16 −32 +64

∴ (   ) = 68

정답 10 ③ | 11 ④ | 12 ③ | 13 ② | 14 ② | 15 ④

205

16   13   18   8   23   3   28   −2   (   )

① 0 　　　　　　　② 22
③ 33 　　　　　　　④ 44

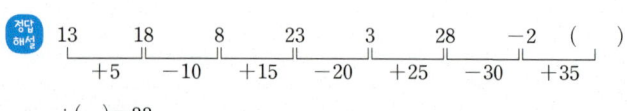

∴ ( )=33

17   0   2   −2   6   −10   22   (   )   86

① −44 　　　　　　② −42
③ 42 　　　　　　　④ 44

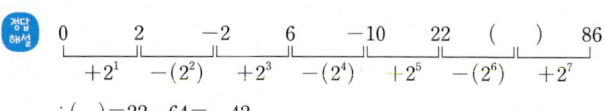

∴ ( )=22−64=−42

18   12   20   19   17   26   14   (   )   11

① 33 　　　　　　　② 34
③ 35 　　　　　　　④ 36

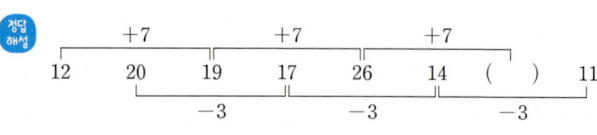

∴ ( )=33

인문계·이공계

19 1 2 4 6 10 13 19 ( ) 31

① 23 ② 24
③ 25 ④ 26

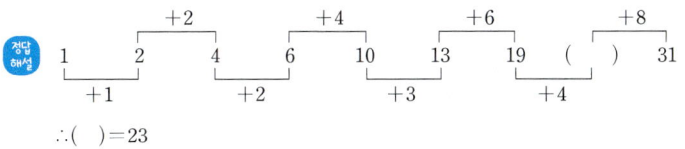

∴ ( ) = 23

20 6.5 13.5 34.5 97.5 ( )

① 214.5 ② 237.5
③ 261.5 ④ 286.5

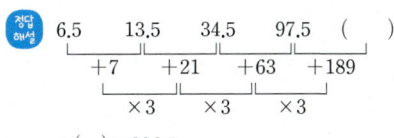

∴ ( ) = 286.5

21 3 2 4 1 4 −1 ( )

① −2 ② −4
③ −6 ④ −8

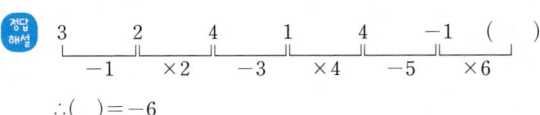

∴ ( ) = −6

정답 16 ③ | 17 ② | 18 ① | 19 ① | 20 ④ | 21 ③

22 ( )   3.5   7.5   15.5   31.5

① 0
② 0.5
③ 1.5
④ 2.5

( )   3.5   7.5   15.5   31.5
  ×2+0.5 ×2+0.5 ×2+0.5 ×2+0.5

∴ ( ) = 1.5

23 3   7   28   4   9   43   6   ( )   55

① 8
② 13
③ 22
④ 35

3   7   28   4   9   43   6   ( )   55

숫자를 세 개씩 묶고 규칙을 살펴보면
3×7+7=28
4×9+7=43
6×( )+7=55
∴ ( )=8

24 23   11   2   29   7   4   109   4   ( )

① 16
② 18
③ 22
④ 27

| 정답해설 | 23　　11　　2　　29　　7　　4　　109　　4　　(　) |

숫자를 세 개씩 묶고 규칙을 살펴보면

$23 = 11 \times 2 + 1$

$29 = 7 \times 4 + 1$

$109 = 4 \times (\ ) + 1$

$\therefore (\ ) = 27$

25　　16　　8　　9　　24　　12　　6　　2　　(　)　　4

① −12　　　　　　　　② −16
③ −18　　　　　　　　④ −20

| 정답해설 | 16　　8　　9　　24　　12　　6　　2　　(　)　　4 |

숫자를 세 개씩 묶고 규칙을 살펴보면

$(16 - 8) \times 9 = 72$

$(24 - 12) \times 6 = 72$

$\{2 - (\ )\} \times 4 = 72$

$\therefore (\ ) = -16$

소요시간		채점결과	
목표시간	12분 30초	총 문항수	25문항
실제 소요시간	(　)분(　)초	맞은 문항 수	(　)문항
초과시간	(　)분(　)초	틀린 문항 수	(　)문항

정답 22 ③ | 23 ① | 24 ④ | 25 ②

4. 도식추리력(이공계)

기출유형분석

문제풀이 시간 : 45초

▶ 다음의 도식기호들은 정해진 규칙에 따라 문자나 숫자를 변화시킨다. 각 물음표에 들어갈 적당한 문자나 숫자기호를 고르시오.

```
            5713        287
             ↓           ↓
WAZQ  →  ☆  →  ○  →  △  →  WQQAZ
             ↓           ↓
DYO   →  □  →  ☆  →  DOY
             ↓           ↓
            7153        7282
```

01 912 → ☆ → □ → ?

① 9912　② 1921　③ 291　④ 192

02 CFA → ○ → △ → ?

① ACCF　② CAF　③ CAFA　④ FCA

정답해설

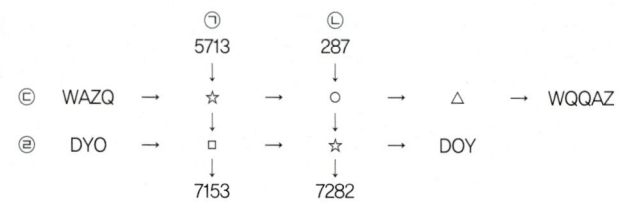

먼저 과정 ㉠의 결과 값을 보면 순서만 바뀌어 있으므로 ☆과 □는 순서를 바꾸는 규칙임을 알 수 있다. 과정 ㉡의 결과 값에서는 앞자리 숫자가 하나 더 늘어나 있으므로 ○는 앞자리 문자를 하나 더 만드는 규칙임을 알 수 있다. 따라서 과정 ㉡ 287 → ○ → 2287 → ☆ → 7282이므로 ☆은 앞자리와 끝자리 문자를 바꾸는 규칙임을 알 수 있다. 또한 과정 ㉠에서 5713 → ☆ → 3715 → □ → 7153이므로 □는 앞자리 문자를 끝자리로 보내는 규칙이며, 과정 ㉢에서 WAZQ → ☆ → QAZW → ○ → QQAZW → △ → WQQAZ이므로 △는 끝자리 문자를 맨 앞으로 보내는 규칙임을 알 수 있다.

정답 01 ④ | 02 ①

[01~02] 다음의 도식기호들은 정해진 규칙에 따라 문자나 숫자를 변화시킨다. 각 물음표에 들어갈 적당한 문자나 숫자기호를 고르시오.

총 문항 수 : 2문항 | 총 문제풀이 시간 : 1분 30초 | 문항당 문제풀이 시간 : 45초

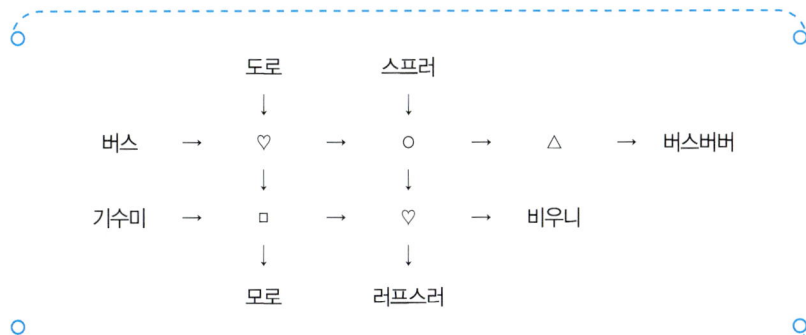

01 마오수 → □ → □ → ?

① 수오마   ② 사초주   ③ 리주부   ④ 마마오수

02 사군자 → ♡ → ? → △ → 사자군사사

① ○   ② △   ③ ♡   ④ □

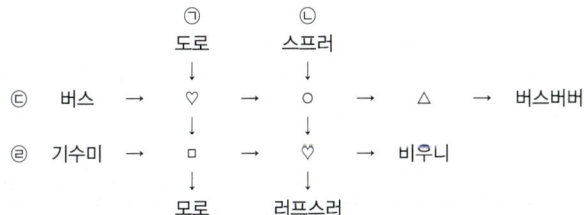

○는 마지막 문자를 맨 앞에 추가, △는 맨 앞의 문자를 마지막에 추가, ♡는 역순으로 나열, □는 자음

정답 01 ② | 02 ①

을 한 칸 뒤(+1)로 이동(예 ㄱ → ㄴ)하는 규칙들을 적용해보면, ㉠에서 도로 → ♡ → 로도 → ㅁ → 모로, ㉡에서 스프러 → ㅇ → 러스프러 → ♡ → 러프스러, ㉢에서 버스 → ♡ → 스버 → ㅇ → 버스버 → △ → 버스버버, ㉣에서 기수미 → ㅁ → 니우비 → ♡ → 비우니

따라서 위의 규칙들을 통해 '마오수 → ㅁ → 바조우 → ㅁ → (사초주)'가 된다. 마찬가지로, '사군자 → ♡ → 자군사 → (ㅇ) → 사자군사 → △ → 사자군사사'가 된다.

[03~04] 다음의 도식기호들은 정해진 규칙에 따라 문자나 숫자를 변화시킨다. 각 물음표에 들어갈 적당한 문자나 숫자기호를 고르시오.

총 문항 수 : 2문항 | 총 문제풀이 시간 : 1분 30초 | 문항당 문제풀이 시간 : 45초

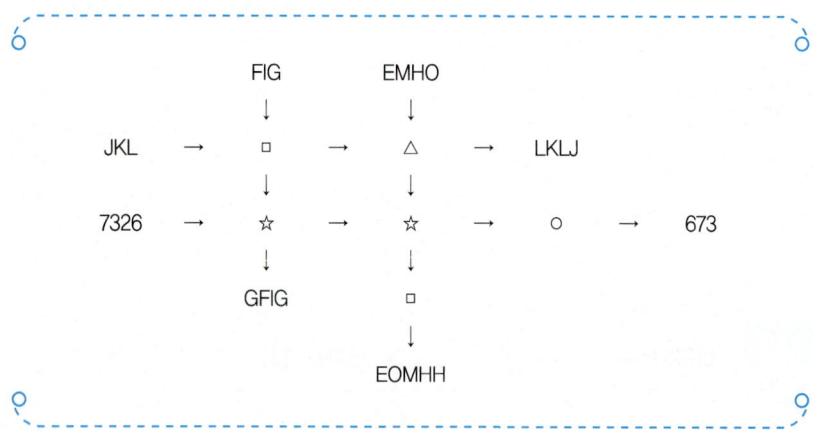

03 9146 → △ → ☆ → ?

① 146 ② 4691 ③ 9614 ④ 9946

04 BPS → ㅁ → ? → PSS

① ㅁ ② ㅇ ③ △ ④ ☆

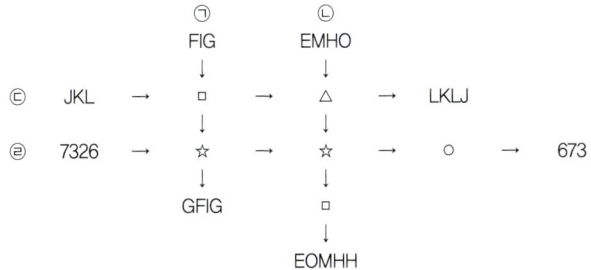

먼저 과정 ⓒ의 결과 문자가 하나 증가하였으므로 □와 △중 하나는 문자를 하나 추가하는 것이고 다른 하나는 문자를 이동하는 것임을 알 수 있다. 과정 ㉠에서 문자 G가 추가되었으므로 □는 마지막 문자를 추가하는 규칙임을 알 수 있으며, 이에 따라 ☆은 끝자리 문자를 맨 앞으로 보내는 규칙이다. 이 결과를 과정 ⓒ에 적용하면 △가 앞자리와 끝자리 문자를 바꾸는 규칙임을 알 수 있다. 과정 ⓔ에서 7326 → ☆ → 6732 → ☆ → 2673 → ○ → 673이므로 ○는 맨 앞자리 문자를 버리는 규칙이다.

[05~07] 다음의 도식기호들은 정해진 규칙에 따라 문자나 숫자를 변화시킨다. 각 물음표에 들어갈 적당한 문자나 숫자기호를 고르시오.

총 문항 수 : 3문항 | 총 문제풀이 시간 : 2분 15초 | 문항당 문제풀이 시간 : 45초

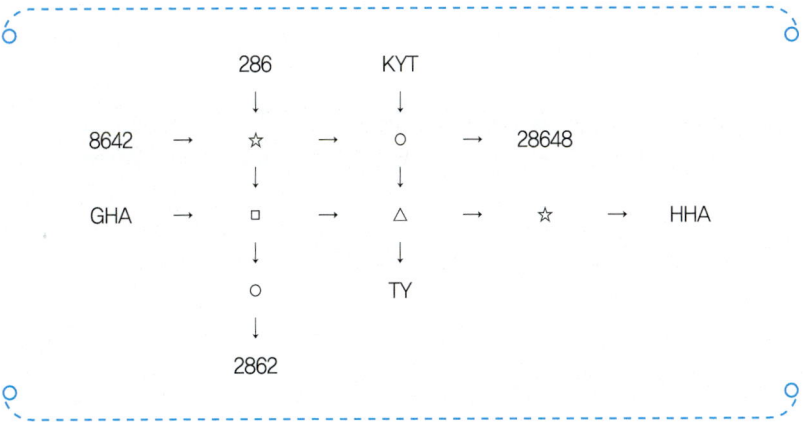

정답 03 ③ | 04 ②

05 ADR → □ → ○ → ?

① ARD　　② ARDD　　③ DAR　　④ DDARR

06 HCVD → ☆ → △ → ?

① CVDH　　② CAF　　③ HCV　　④ HHCV

07 VOPU → △ → ○ → ?

① PPOV　　② POV　　③ UOVP　　④ VOPU

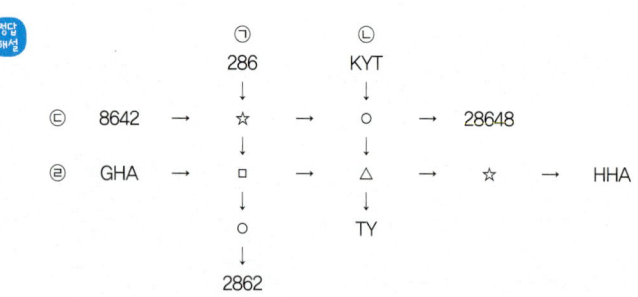

먼저 과정 ㉠과 ㉢을 비교하면 규칙 ☆이 공통으로 적용되어 있고, 각 결과 값에서 앞자리 문자가 하나씩 더 만들어져 있음을 알 수 있다. 여기서 ☆이 앞자리 문자를 하나씩 더 만드는 규칙이라고 한다면 과정 ㉢에서 8642 → ☆ → 88642 → ○ → 286480|므로 ○는 앞자리와 끝자리 문자를 바꾸는 규칙이 된다. 또한 과정 ㉡에서 KYT → ○ → TYK → △ → TY이므로 △는 끝자리 문자를 버리는 규칙이며, 과정 ㉣에서 GHA → □ → HAG → △ → HA → ☆ → HHA이므로 □는 앞자리 문자를 끝으로 보내는 규칙임을 알 수 있다.

[08~09] 다음의 도식기호들은 정해진 규칙에 따라 문자나 숫자를 변화시킨다. 각 물음표에 들어갈 적당한 문자나 숫자기호를 고르시오.

총 문항 수 : 2문항 | 총 문제풀이 시간 : 1분 30초 | 문항당 문제풀이 시간 : 45초

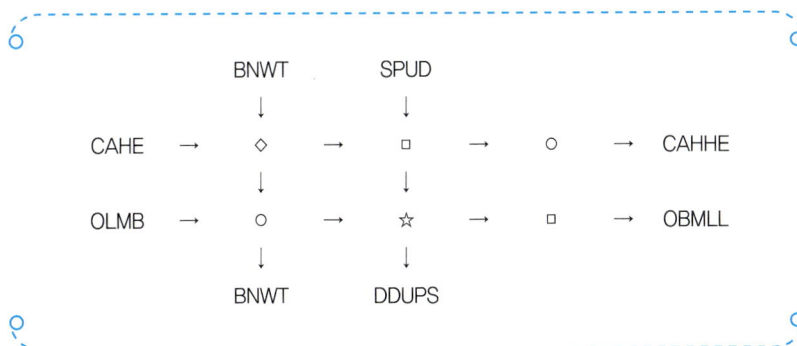

08 FROM → ◇ → ☆ → ?

① OMP   ② ORFM   ③ ROMM   ④ RDOF

09 TRY → □ → ○ → ☆ → ?

① TYYR   ② TR   ③ RTY   ④ RRTT

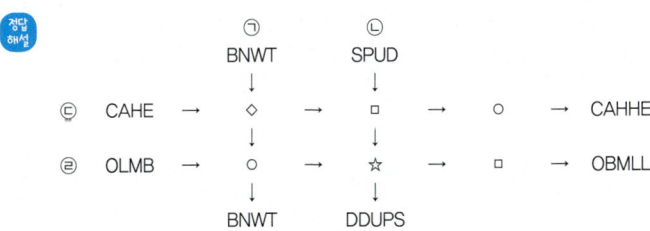

먼저 과정 ㉠과 ㉡을 비교한다. 두 과정에서 모두 규칙 ○와 ◇가 공통으로 적용되었는데, 과정 ㉡의 결과 값에서만 문자가 하나 더 만들어져 있다. 따라서 ㅁ는 문자를 하나 더 만드는 규칙임을 알 수 있다. 과정 ㉡에서 끝자리 문자가 하나 더 만들어져 있고 순서가 바뀌어 있으므로 가장 먼저 적용된 ㅁ가 끝자리 문자를 하나 더 만들어내는 규칙임을 알 수 있다. 즉 SPUD → ㅁ → SPUDD → ☆ → DDUPS이므로 ☆은 문자의 순서를 역순으로 바꾸는 규칙이 된다. 또한 과정 ㉣에서 OLMB → ○ → LMBO → ☆ → OBML → ㅁ → OBMLL이므로 ○는 앞자리 문자를 맨 끝으로 보내는 규칙이며, 과정 ㉠에서 BNWT → ◇ → TBNW → ○ → BNWT이므로 ◇는 끝자리 문자를 맨 앞으로 보내는 규칙임을 알 수 있다.

[10~12] 다음의 도식기호들은 정해진 규칙에 따라 문자나 숫자를 변화시킨다. 각 물음표에 들어갈 적당한 문자나 숫자기호를 고르시오.

총 문항 수 : 3문항 | 총 문제풀이 시간 : 2분 15초 | 문항당 문제풀이 시간 : 45초

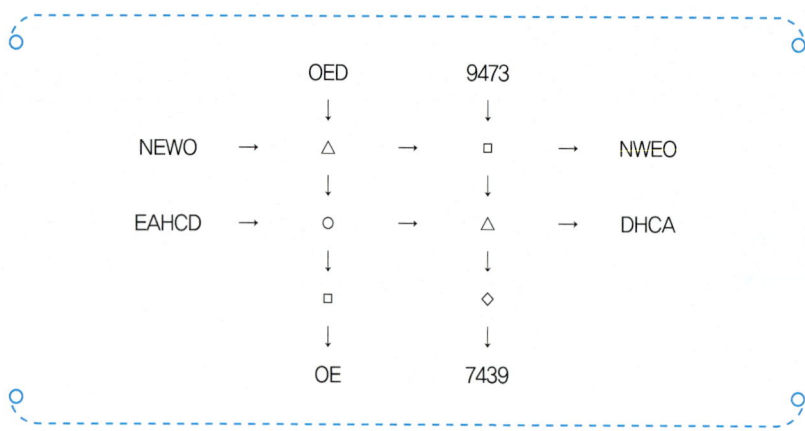

10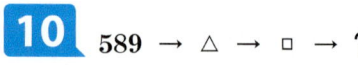

① 589   ② 5889   ③ 859   ④ 8955

인문계·이공계

11 OMZ → ○ → △ → ?

① ZM　　　② ZMO　　　③ OMZ　　　④ MZOO

12 KHCF → ◇ → ○ → □ → ?

① CFH　　　② FHC　　　③ HCH　　　④ KFC

정답
해설

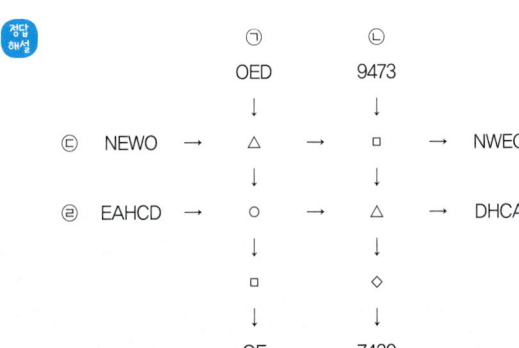

먼저 과정 ㉢과 ㉣을 비교한다. 규칙 △가 공통으로 적용되었으며, 과정 ㉢의 결과 값은 순서만 바뀌어 있고 과정 ㉣의 결과 값에서는 E가 탈락되어 있다. 따라서 ○는 앞자리 문자를 버리는 규칙임을 알 수 있고, △는 앞자리와 끝자리 문자를 바꾸는 규칙임을 알 수 있다. 또한 과정 ㉢에서 NEWO → △ → OEWN → □ → NWEO이므로 □는 문자의 순서를 역순으로 바꾸는 규칙이며, 과정 ㉡에서 9473 → □ → 3749 → △ → 9743 → ◇ → 74390이므로 ◇은 앞자리 문자를 끝으로 보내는 규칙임을 알 수 있다.

정답 10 ① | 11 ① | 12 ④

217

[13~15] 다음의 도식기호들은 정해진 규칙에 따라 문자나 숫자를 변화시킨다. 각 물음표에 들어갈 적당한 문자나 숫자기호를 고르시오.

총 문항 수 : 3문항 | 총 문제풀이 시간 : 2분 15초 | 문항당 문제풀이 시간 : 45초

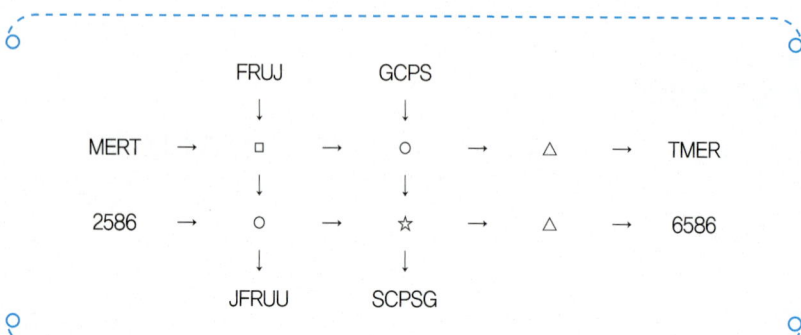

13 ZWQ → △ → ○ → ?

① ZZQ ② ZWW ③ ZWQ ④ ZQ

14 XPO → ☆ → □ → ?

① XOP ② XPP ③ OXP ④ OPP

15 2075 → ○ → ☆ → ?

① 2075 ② 5075 ③ 50752 ④ 7502

먼저 과정 ㉠과 ㉡을 비교한다. 과정 ㉠의 결과 값에서 J가 맨 앞에 놓여 있고 U가 하나 더 만들어져 있는 것으로 보아 ㅁ는 끝자리 문자를 앞으로 보내는 규칙이고, ○는 끝자리 문자를 하나 더 만드는 규칙임을 알 수 있다. 또한 과정 ㉢에서 GCPS → ○ → GCPSS → ☆ → SCPSG이므로 ☆은 앞자리 문자와 끝자리 문자를 바꾸는 규칙이며, 과정 ㉣에서 2586 → ○ → 25866 → ☆ → 65862 → △ → 6586이므로 △는 끝자리 문자를 버리는 규칙임을 알 수 있다.

[16~18] 다음의 도식기호들은 정해진 규칙에 따라 문자나 숫자를 변화시킨다. 각 물음표에 들어갈 적당한 문자나 숫자기호를 고르시오.

총 문항 수 : 3문항 | 총 문제풀이 시간 : 2분 15초 | 문항당 문제풀이 시간 : 45초

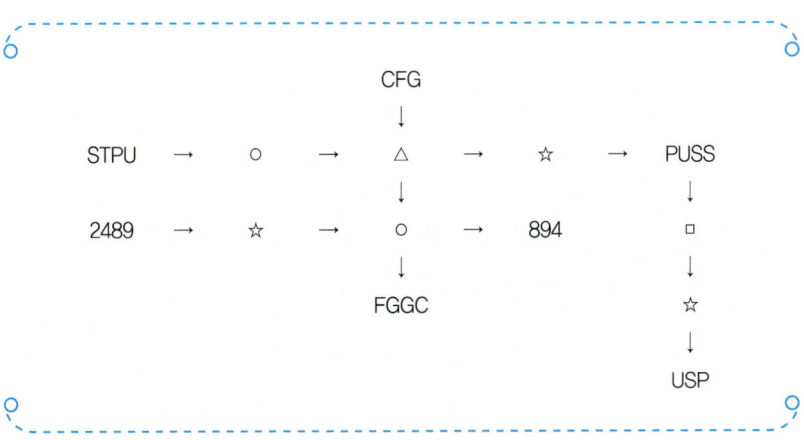

16 476 → ☐ → ☆ → ○ → ?

① 46 ② 47 ③ 467 ④ 477

17 EMY → ☆ → △ → ?

① EM ② EMM ③ MMY ④ MYY

정답 13 ② | 14 ① | 15 ③ | 16 ② | 17 ④

18 KGC → ○ → □ → ?

① KCG　　　② KCC　　　③ GKC　　　④ GGK

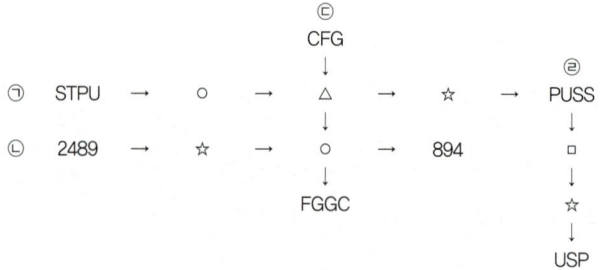

과정 ⓒ과 ⓒ을 살피면, 과정 ⓒ의 결과 값에서 숫자가 하나 줄어 있고 과정 ⓒ의 결과 값에서 문자가 하나 늘어 있다. ○는 공통으로 들어가므로, ☆은 앞자리 문자를 버리는 규칙, △는 끝자리 문자를 하나 더 만드는 규칙이다. 또한 이 결과를 통해 ○가 앞자리 문자를 맨 끝으로 보내는 규칙이라는 것을 알 수 있다. 이에 따라 □는 앞자리 문자와 끝자리 문자를 바꾸는 규칙이다.

[19~21] 다음의 도식기호들은 정해진 규칙에 따라 문자나 숫자를 변화시킨다. 각 물음표에 들어갈 적당한 문자나 숫자기호를 고르시오.

총 문항 수 : 3문항 | 총 문제풀이 시간 : 2분 15초 | 문항당 문제풀이 시간 : 45초

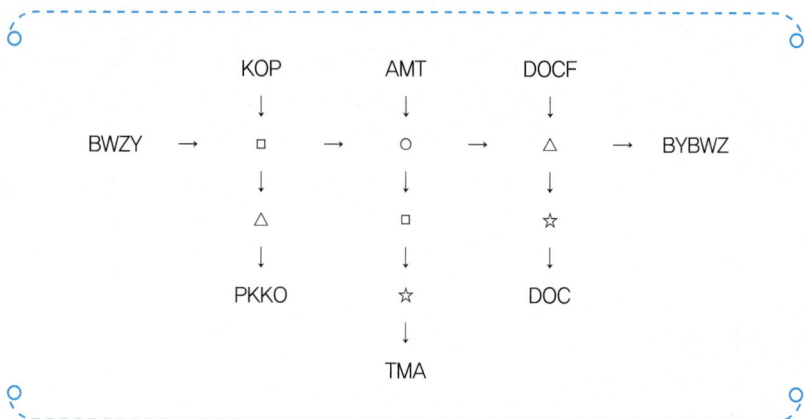

19 HTM → □ → ☆ → ?

① TTM ② MHT ③ MHH ④ HTM

20 7254 → △ → ○ → ?

① 7544 ② 7254 ③ 5724 ④ 572

21 KONG → ○ → □ → △ → ?

① KGG ② KGGON ③ NGO ④ OKNG

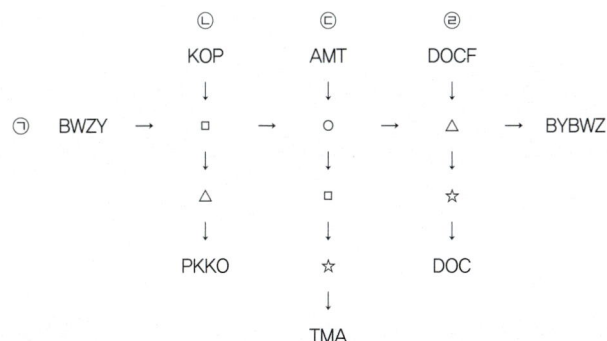

과정 ⓒ와 ②를 살피면, 과정 ⓒ에서는 문자가 하나 증가하였으며, 과정 ②에서는 문자가 하나 줄어들었다. △는 공통으로 들어가므로 뒷자리 문자를 맨 앞으로 보내는 규칙이다. 이에 따라 □는 앞자리 문자를 하나 더 만드는 규칙이고 ☆은 앞자리 문자를 버리는 규칙이다. 이를 과정 ㉠에 적용시키면, BWZY → □ → BBWZY → ○ → YBWZB → △ → BYBWZ이므로 ○는 앞자리 문자와 끝자리 문자를 바꾸는 규칙이다.

[22~24] 다음의 도식기호들은 정해진 규칙에 따라 문자나 숫자를 변화시킨다. 각 물음표에 들어갈 적당한 문자나 숫자기호를 고르시오.

총 문항 수 : 3문항 | 총 문제풀이 시간 : 2분 15초 | 문항당 문제풀이 시간 : 45초

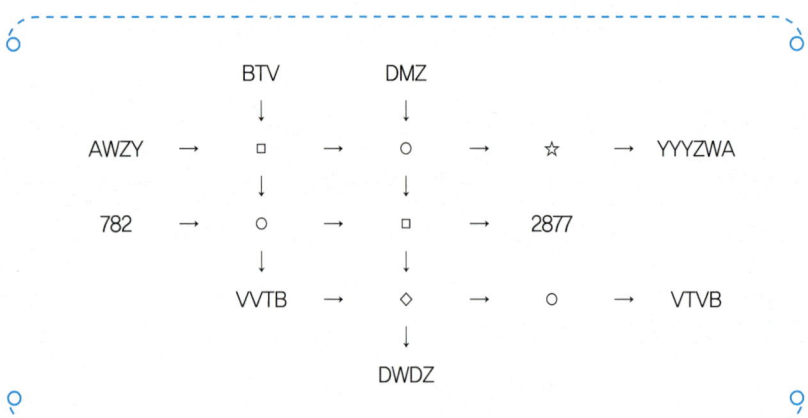

22 567 → ☆ → ○ → ?

① 567 ② 5677 ③ 7655 ④ 7765

23 IAD → ◇ → □ → ?

① DAII ② DAI ③ ADI ④ AADI

24 6071 → ○ → ☆ → ?

① 6071 ② 11706 ③ 16077 ④ 60711

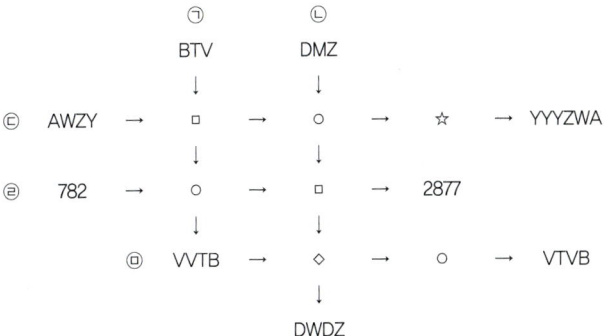

먼저 과정 ㉠과 ㉣을 통해 □가 문자를 하나 증가시키는 규칙이라는 것을 알 수 있다. 과정 ㉠에서 문자 V가 증가했으므로 □는 끝자리 문자를 하나 증가시키는 규칙이고, 따라서 ○는 문자를 역순으로 배열하는 규칙이다. 이를 과정 ㉢에 대입하면, ◇는 앞자리와 끝자리 문자의 위치를 서로 바꾸는 규칙임을 알 수 있다. 이 결과를 과정 ㉡에 대입하면 ☆이 앞자리 문자를 하나 증가시키는 규칙이라는 결과를 얻을 수 있다.

소요시간		채점결과	
목표시간	18분	총 문항수	24문항
실제 소요시간	( )분( )초	맞은 문항 수	( )문항
초과시간	( )분( )초	틀린 문항 수	( )문항

The future depends on what we do in the present.

미래는 현재 우리가 무엇을 하는 가에 달려 있다.

— Mahatma Gandhi 마하트마 간디